1867

FACULTÉ DE DROIT DE PARIS

THÈSE

POUR

LE DOCTORAT

SOUTENUE PAR

Jules EXCOURBANIÈS

Avocat à la Cour Impériale

AURILLAC

IMPRIMERIE DE ALP. BRELET FILS

RUE NEUVE

—

1867

THÈSE

POUR

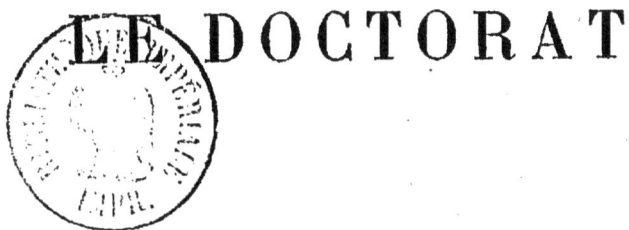

LE DOCTORAT

IMPRIMERIE NOUVELLE. — ALP. BRELET FILS, RUE NEUVE, A AURILLAC

THÈSE

POUR

LE DOCTORAT

SOUTENUE PAR

Jules EXCOURBANIÈS

Avocat à la Cour Impériale

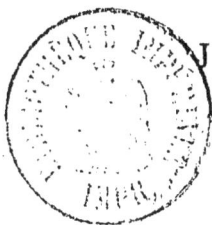

AURILLAC

IMPRIMERIE DE ALP. BRELET FILS

RUE NEUVE

—

1867

FACULTÉ DE DROIT DE PARIS

DE LA POURSUITE HYPOTHÉCAIRE

EN DROIT ROMAIN ET EN DROIT FRANÇAIS

THÈSE POUR LE DOCTORAT

SOUTENUE

le mercredi 18 décembre 1867, à 2 heures.

Par Jules EXCOURBANIÈS

Avocat à la Cour Impériale

En présence de M. l'Inspecteur général Ch. GIRAUD

Président : **M. LABBÉ**, Professeur

ASSESSEURS :	MM. BONNIER, DUVERGER,	Professeurs.
	GIDE, DESJARDINS,	Agrégés.

Le Candidat répondra, en outre, aux questions qui lui seront faites sur les autres matières de l'enseignement.

DE LA POURSUITE HYPOTHÉCAIRE

ÉTUDE

SUR

LE DROIT DE SUITE

EN MATIÈRE DE SURETÉS RÉELLES

—⋅⋅—◁◈▷—⋅—

Pour nous conformer au programme nous étudierons successivement cette matière au point de vue du droit Romain, et au point de vue de notre droit Français. Comme transition entre ces deux législations, nous dirons quelques mots sur l'historique de la question dans notre ancienne jurisprudence.

En conséquence, nous diviserons notre travail en trois parties :

1re Partie. — **Législation Romaine.**
2e Partie. — **Ancienne Jurisprudence.**
3e Partie. — **Législation actuelle.**

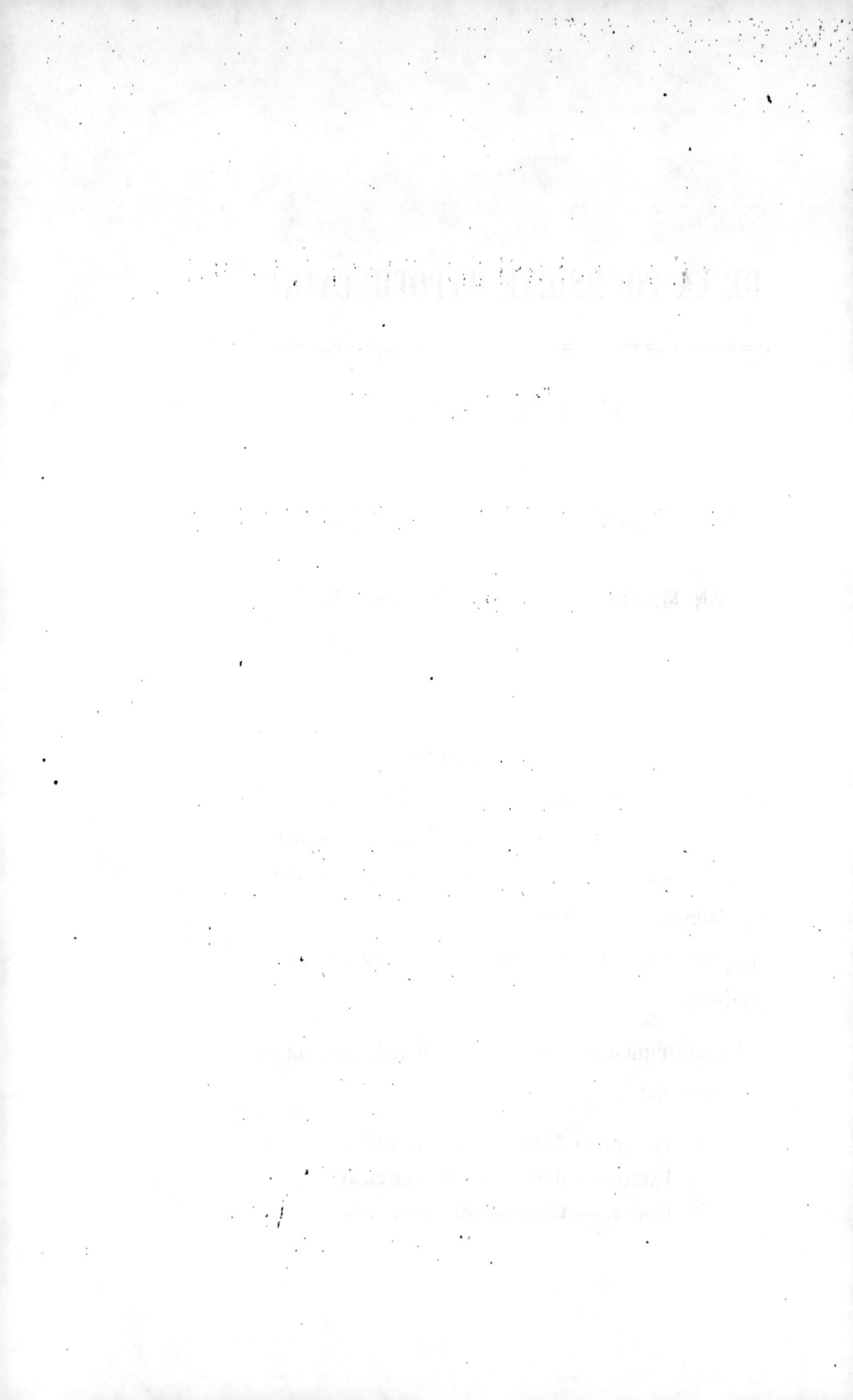

PREMIÈRE PARTIE

DU DROIT DE SUITE
DANS LA LÉGISLATION ROMAINE

INTRODUCTION

1. Pour étudier le droit de suite dans la législation Romaine, nous serons obligés d'exposer, au moins d'une manière sommaire, les principes généraux de cette législation, sur le droit de gage et d'hypothèque, ou pour parler plus exactement, sur les suretés réelles. Ces principes ont varié suivant les époques, et ont suivi la marche progressive des institutions et de la jurisprudence. Nous devrons donc, afin de ne point tomber dans des confusions, nous placer successivement à différentes époques, et étudier dans chacune d'elles, le développement de ces principes.

2. En général, quand on fait l'histoire d'une institution dans le droit Romain, on distingue trois grandes périodes : celle de l'ancien droit, celle du droit Classique, enfin celle de Justinien. Ces trois périodes sont en

effet, sur la plupart des points, très-nettement tranchées; (en ce qui concerne la théorie des Actions par exemple) et dans ce cas la marche la plus rationnelle et la plus ordinairement suivie consiste à étudier séparément chacune d'elles.

3. Ce n'est cependant pas cette marche que nous avons adoptée, et cela pour deux motifs. D'abord, en ce qui concerne le sujet que nous avons à traiter, il n'y a pas, entre le droit Classique et le droit de Justinien une différence assez sensible pour nécessiter une étude distincte de chacune des deux époques. En second lieu il y a, entre l'ancien droit et le droit classique, une période de transition assez importante pour mériter une étude spéciale. En conséquence, nous diviserons notre travail de la manière suivante :

1º Ancien droit (chapitre 1er).

2º Période de transition (ch. 2).

3º Droit des Pandectes et du Code (ch. 3).

Après quoi nous exposerons dans les deux derniers chapitres:

4º La position du tiers détenteur (ch. 4).

5º L'extinction du droit de suite (ch. 5).

CHAPITRE PREMIER

ANCIEN DROIT

De l'aliénation fiduciaire, première forme du gage. — Droit de suite du créancier sous cette première forme. — Actions et interdits qui lui appartiennent à l'encontre des détenteurs de la chose engagée. — Leur mécanisme.

4. Dans l'ancien droit Romain, celui qui veut donner à son créancier une sureté réelle aliéne à son profit un ou plusieurs objets, avec la clause qu'une fois désintéressé, il devra lui en retransférer la propriété. C'est ce qu'on appelle l'aliénation fiduciaire. Cette aliénation se faisait au moyen de la mancipation : *per æs et libram.* (Gaïus Com. II §. 59 et 60.) Elle parait remonter jusqu'aux époques les plus anciennes du droit Romain, et se rattacher à un symbolisme, qui embrassant d'abord presque tous les actes juridiques, s'est restreint peu à peu et a fini par disparaître. Il semble en effet qu'il a existé une époque antérieure à la loi des XII Tables, où tous les actes juridiques se faisaient *per æs et libram,* sous l'image d'un marché, d'un troc, entre un objet quelconque, et un lingot de cuivre ou de bronze, pesé dans une balance. Ainsi nous voyons ce cuivre et cette

balance figurer dans les actes les plus divers, même dans les actes les plus étrangers à toute idée de chose corporelle. C'était *per æs et libram*, que s'obligeait le *nexus*, ce débiteur si rigoureusement traité par le droit ancien : *per æs et libram*, que ce même *nexus* était déchargé de son obligation : *per æs et libram* que, même dans le droit classique on faisait son testament (Gaïus, Com. II § 102—109.) *per æs et libram* que l'on donnait quittance d'une certaine catégorie de legs. etc. Peu à peu l'usage de la balance perdit du terrain ; elle resta seulement comme symbole dans quelques actes et finit même, dans le droit de Justinien, par disparaître tout à fait. L'aliénation fiduciaire se transforma en même temps et devint comme nous le verrons bientôt, le gage ou l'hypothèque. Toutefois elle existe encore à l'époque classique (Gaïus. II. 59 et 60.) et elle y fait même double emploi avec le gage et l'hypothèque qui sont déjà connus et qui vont bientôt la supplanter.

5. Dans l'aliénation fiduciaire, le créancier, en même temps qu'il acquiert la propriété de la chose engagée, contracte l'obligation de la restituer aussitôt qu'il sera désintéressé. Cette obligation donne naissance à une action spéciale qu'on appelle *actio fiduciæ*. Seulement cette action est purement personnelle et n'empêche point le créancier, bien que soumis à une obligation éventuelle de restitution, d'être plein et absolu propriétaire de la chose.

6. D'où les deux conséquences suivantes :

1° Il a le droit d'aliéner la chose et d'en disposer ; ceux à qui il la transmettra, en deviendront propriétaires comme il l'était lui même, et ne pourront être inquiétés par le propriétaire primitif.

2° Il aura contre les détenteurs de la chose les même voies de droit (actions ou interdits) qu'aurait un propriétaire ordinaire.

7. Ainsi au pétitoire, il a notamment parmi les actions *in rem*, la revendication, la publicienne etc. parmi les actions *in personam*, l'action *ad exibendum*, la *condictio furtiva*, etc.

Au possessoire, s'il a été mis en possession, il peut user de tous les interdits donnés *recuperandæ ou retinendæ possessionis causâ*.

En un mot, il est propriétaire et il peut agir comme un propriétaire : il nous suffira d'indiquer le principe sans entrer dans des développements qui seraient nécessairement fort longs, et qui d'ailleurs sortiraient de notre cadre.

8. Remarquons en terminant, que le créancier gagiste pourrait user de tous les moyens que nous venons de signaler, à l'encontre du débiteur lui-même, qui se trouverait en possession de la chose engagée: seulement il est probable que si à cette époque le débiteur s'était libéré ou avait acquis contre son créancier une créance égale ou supérieure à sa dette, il pourrait repousser la demande au moyen d'une exception de dol.

9. Il nous reste aujourd'hui peu de documents sur l'aliénation fiduciaire considérée comme moyen de crédit. En effet bien qu'elle existe à l'époque classique concurremment avec le gage et l'hypothèque, cependant comme elle a disparu dès avant Justinien, nous ne la

retrouvons pas dans la compilation Tribonienne et les fragments des Jurisconsultes qui en parlaient n'ont point été insérés au Digeste, ou ne l'ont été qu'avec des mutilations.

10. A quelle époque précise l'aliénation fiduciaire a-t-elle disparu?

Il nous semble difficile de le préciser : probablement elle est tombée peu à peu en désuétude, et c'est par erreur à notre avis que Cujas a pensé qu'elle avait été supprimée par une constitution de Constantin (loi 3 C. *de pactis pignorum.)* Il a évidemment confondu deux choses qui n'ont rien de commun, savoir : l'aliénation fiduciaire d'une part et d'autre part, la *lex commissoria,* clause par laquelle le créancier stipulait qu'a défaut de paiement à l'échéance il deviendrait de plein droit propriétaire de la chose engagée (V. Cujas, Pauli. sent. Recep. Liv. II. T. 13, prœm.) Quant à l'aliénation fiduciaire, nous n'en retrouvons les traces que dans les jurisconsultes qui nous sont parvenus en dehors des compilations Justinienne et Théodosienne.

Gaïus en parle dans les §§ que nous avons cités.

Paul en donnait probablement un traité assez complet mais qui a dû être mutilé et tronqué dans le *Breviarium Alaricianum :* En effet un titre de ses sentences y est consacré (Liv. II Tit. XIII) mais ce titre semble n'avoir ni commencement ni fin : on peut supposer que ce n'est qu'un fragment, pris au milieu du Titre, fragment qui nous aura été conservé par le Breviaire d'Alaric. Il est même à remarquer que ce que nous possédons à ce sujet se trouve sous la rubrique *de lege commissoria,* bien que dans les quelques paragraphes de ce titre il ne soit nullement question du pacte commissoire, ce qui viendrait encore à l'appui de l'opinion que nous émettions tout à l'heure d'après laquelle nous ne posséderions qu'un fragment tronqué et probablement mutilé, du texte du Jurisconsulte: Cependant Cujas a pensé que ce mot *lex commissoria* désignait précisément l'aliénation fiduciaire, parce que dit-il, si le débiteur ne paie pas à l'échéance, *res creditori pleno jure committitur*. Il y a là, à mon sens, une inexactitude; le créancier est aussi bien propriétaire de la *fiducia*, le jour de l'engagement que le jour de l'échéance, et le paiement fait à cette époque n'a d'autre effet que de lui imposer une obligation personnelle de restitution sans modifier en rien son droit de propriété. Cela est si vrai qu'on peut acquérir *per servum fiduciarium*, (sent. Paul II 13 § 2) ce qui suppose bien que ce *servus fiduciarius* est la propriété du créancier *ex jure quiritium* à partir de l'engagement. Enfin dans les quelques paragraphes de Paul, on voit que déjà la *fiducia* commence à se confondre avec le *pignus*, car il admet pour la première plusieurs règles qui appartiennent au second, et qui ne devaient pas exister dans la rigueur primitive de l'aliénation fiduciaire. (V. notam. §§. 4. 5. 8.)

Isidore de Séville (orig. V. 25.) indique aussi l'aliénation fiduciaire et en donne la définition suivante : « *Fiducia est cum res aliqua, sumendæ mutuæ pecuniæ gratia vel mancipatur vel in jure ceditur.* »

Boèce nous en parle aussi (ad Cicéron Topic IV.) « *Fiduciam accipit*, dit-il, *cuicumque res aliqua mancipatur ut eam mancipanti remancipet ; Hæc mancipatio fidu-*

ciaria nuncupatur ideò quòd restituendi fides interponitur.

11. Voilà à peu près tout ce qui nous reste des anciens documents sur l'aliénation fiduciaire : et encore Isidore de Séville et Boèce ne sont pas des jurisconsultes, ce sont des historiens et des commentateurs qui ont écrit à une époque où, depuis longtemps déjà, la fiducie n'était plus en usage; nous n'avons guère comme jurisconsultes que Paul et Gaïus. Or comme ce n'est qu'en 1816 que le manuscrit de Gaïus a été découvert, et qu'en 1821 qu'il a été publié, il en résulte que les Romanistes des derniers siècles, notamment Cujas et Pothier ne s'en sont point ou presque point occupés.

Au reste, la question n'offre guère qu'un intérêt historique, car ce système de crédit, fort vicieux en lui-même, a disparu en entier du droit Romain, et n'a pas laissé la moindre trace dans le dernier état de ce droit.

12. En résumé, sous ce système, la question du droit de suite ne présente rien de particulier : nous n'avons qu'à recourir aux principes généraux sur le droit qu'à le propriétaire de suivre la chose, en quelques mains qu'elle passe : Or, comme l'étude de ces principes nous entraînerait trop loin, et que d'ailleurs elle ne rentre point dans notre cadre, nous nous bornerons, sur ce sujet, à ce que nous avons déjà dit.

CHAPITRE II

Transition de la fiducia au pignus *et à l'hypotheca. —*
Location fictive et concession à précaire faites au débi-
teur gagiste. — Historique de l'action Servienne. —
De l'interdit Salvien. — De l'action quasi Servien-
ne. — De la question de savoir s'il existe ou non un
interdit quasi Salvien.

13. Nous nous bornerons dans ce chapitre afin de ne
pas empiéter sur les matières du chapitre suivant, à
présenter d'une manière rapide, la transition du système antique de la fiducie, au système du gage et de
l'hypothèque proprement dits. Nous n'étudierons donc
que les transformations successives qu'a éprouvées le
droit de gage, pour arriver d'un système vicieux et
incommode, à un système mieux approprié aux besoins
d'une civilisation plus avancée.

14. Le système de la fiducie présentait, avons-nous
dit, de graves inconvénients. — Le premier consistait,
en ceci : c'est que le débiteur était obligé de transférer
la propriété de la chose qu'il voulait engager. — Il y
avait là d'abord un sacrifice toujours pénible pour un

propriétaire. En outre il y avait un danger: Le créancier devenu propriétaire peut aliéner la chose engagée
à un tiers : lequel ne pourra être inquiété. — Supposons
qu'à l'échéance, le débiteur se présente pour payer sa
dette et retirer son gage. Il ne le retrouvera plus entre
les mains du créancier; il n'aura que deux moyens à
prendre, qui, tous les deux le laisseront en perte. Poursuivre le créancier par *l'actio fiduciæ*? (Celle qui est
devenue plus tard la *pigneratitia directa*.) Mais il est
insolvable! Garder pour se couvrir le montant de sa dette,
en repoussant au moyen de *l'exceptio doli mali*, l'action
que le créancier voudrait diriger contre lui? Mais il
arrivera neuf fois sur dix que la valeur du gage sera
de beaucoup supérieure au montant de la dette et la
différence sera perdue pour le débiteur.

15. Toutefois, malgré sa gravité réelle, cet inconvénient n'est pas celui qui a été le premier senti dans la
pratique. Celui auquel on a cherché tout d'abord à porter remède, c'est le suivant:

Le débiteur perd la possession du gage. Or, ce gage,
c'est peut-être ses instruments de travail. C'est un objet qui lui est indispensable, ou tout au moins qui lui est
utile et dont la privation doit lui causer une gêne plus
ou moins grande : C'est là l'inconvénient le plus immé-
diat du système de la fiducie, le premier qu'on a ressen-
ti, le premier auquel on a cherché des palliatifs. Ces
palliatifs les voici: il y en a deux, nous les trouvons indiqués incidemment par Gaïus. (Com. II. § 60. in fine.)

1er Moyen. — Le créancier propriétaire de la chose
engagée la loue au débiteur: c'est une location fictive

qui se fait *nummo uno*. Alors le débiteur possède pour le compte de son créancier et non pour le sien : comme *conductor* et non comme *dominus* : C'est ce qui explique pourquoi il ne peut jamais invoquer contre lui *l'usureceptio* (sorte d'usucapion particulière qui s'accomplit sans bonne foi) V. Gaïus. II. 59. 60. 61.

2ᵐᵉ Moyen. — Le créancier concède au débiteur la chose engagée à titre de *precarium* : le précariste est obligé de restituer à la première réquisition du concédant. Dans ce cas encore, le débiteur possède pour le créancier et non pour lui-même, et ne peut pas plus que dans l'hypothèse précédente invoquer *l'usureceptio*. (Gaïus Com. II. § 60. in fine.)

16. Ainsi, au moyen des deux expédients que nous venons de signaler, on faisait disparaître d'une manière à peu près complète le second vice de l'aliénation fiduciaire, mais le premier subsistait toujours :

Le débiteur était toujours obligé de se dépouiller de la propriété de sa chose; le créancier en était toujours propriétaire et pouvait toujours en disposer : ce deuxième inconvénient fut supprimé à son tour par le système du *pignus*.

17. On réfléchit que pour donner à son créancier une sureté réelle, il n'était pas indispensable de lui transférer la propriété même de la chose qu'on voulait lui engager : on atteignait le même but en lui accordant deux sortes de droit : 1° la possession de cette chose, avec les moyens de la recouvrer s'il venait à la perdre : 2° le pouvoir d'aliéner valablement cette chose et d'en faire de l'argent, si à l'échéance il n'était pas payé. C'est

le système du *pignus*. On ne connaît pas d'une manière
précise l'époque à laquelle ce système a pris naissance.
D'après certains auteurs il résulterait de la loi 238. Dig.
de verb. sign. qu'il aurait existé déjà à l'époque des
Douze tables. — Mais l'induction qu'on voudrait tirer
de cette loi est d'abord très-faible: puis en admettant
même que la loi des Douze tables eût parlé de *pignus*, ce
pourrait bien être le *pignus* ou le *pignoris capio* des
actions de la loi dont nous parle Gaïus (com. IV § 28.)

18. La possession de la chose engagée, par le créancier
ou par quelqu'un qui possède pour lui, a toujours été
une des conditions essentielles du *pignus*, mais il n'en
a pas été de même de la clause qui permettait au créancier, non payé à l'échéance, de vendre la chose engagée.

19. Tout d'abord ce pouvoir était donné au créancier
par le débiteur au moment même de la formation du
contrat, et il paraît résulter des expressions des Jurisconsultes qu'il pouvait être donné en vertu d'un simple
pacte: « *hoc forsitan ideo videtur fieri quod voluntate debitoris intelligitur pignus alienari, qui olim pactus est
ut liceret creditori pignus vendere, si pecunia non solva-
tur* (Gaïus. Com. II. § 64. in fine. V. aussi loi 8 § 5 de
pign. act.)

Ce pacte dont nous parlent les Jurisconsultes devait
être un mandat d'une nature particulière, un mandat
irrévocable, comme celui qui était donné au *procurator
in rem suam*. Dans l'origine la nécessité de ce mandat
était si impérative que le créancier qui se serait permis
de vendre, sans y être ainsi autorisé, la chose qui lui
avait été engagée, se serait rendu coupable de *furtum*.

« *Si is qui pignori rem accepit,* dit Javolenus, *cum de ven-
dendo pignore nihil convenisset, vendidit, aut antequàm
dies venditionis veniret, pecuniâ non solutâ id fecit furti se
obligat.* » (Loi 73 *de furtis.* Dig. 47. 2.) Ainsi, dans le
principe, le pouvoir d'aliéner n'est ni de l'essence, ni
même de la nature du contrat de gage : il n'existe que
par l'effet d'une convention formelle.

20. On s'aperçut bientôt que, sans le pouvoir d'aliéner, le droit du créancier n'était pas assez sauvegardé,
et que pour trop vouloir protéger le débiteur, on nuisait
précisément au crédit. Aussi la clause d'aliénation de-
vint-elle de style dans tous les engagements : bientôt
elle fut considérée comme sous-entendue, et comme
étant de la nature du contrat de gage. C'est ainsi que
Paul (sent. II. T. V. § 1er) nous indique les formalités à
remplir par le créancier qui veut : *distrahere pignus sibi
simpliciter depositum,* et qui consistent à : *Ter ante denun-
ciare debitori suo ut pignus luat, ne a se distrahatur.* V.
aussi Marcien (Loi 12 § 10 Dig. qui potiores in pign. XII 4.)

21. Enfin on finit par considérer la clause d'aliénation
comme étant non seulement de la nature mais encore
de l'essence du contrat de gage. De sorte qu'une défense
formelle au créancier d'aliéner la chose engagée n'avait
d'autre effet que de l'obliger aux trois dénonciations
dont nous venons de parler, lesquelles restent suppri-
mées pour tous les autres cas. C'est là du moins ce que dit
un texte attribué à Ulpien : (Loi 4 D. de pign. act. 13. 7)
« *ubi vero convenit ne distraheretur, creditor, si distra-
xerit, furti obligatur nisi ei ter fuerit denunciatum, ut
solvat, et cessaverit :* »

22. Toutefois, en examinant attentivement ce texte, on arrive à concevoir des doutes sérieux sur sa parfaite authenticité : le dernier membre de phrase, celui qui contient précisément la décision, semble avoir été soudé après coup, et même assez maladroitement : c'est à peine s'il se rattache au reste de la phrase, et en outre, il renferme un vice de construction, et des incorrections qu'on ne trouve guère chez les jurisconsultes classiques. Or, ce doute que fait naître la lecture de la phrase que j'ai citée, devient plus sérieux encore lorsqu'on a lu les phrases précédentes du texte. Il me parait assez probable qu'Ulpien, dans la loi 4 *de pign. act.* donnait une décision analogue à celle de Javolenus dans la loi 73 *de furtis.* — Les deux textes étaient opposés à la législation Justinienne, et n'ont du être admis qu'à correction : seulement on aura corrigé la loi 4 *de pign. act.* et on aura oublié d'en faire autant pour la loi 73 *de furtis,* qui forme au reste un véritable contre-sens dans la compilation de Tribonien. (Comp. Loi 8. § 4. et 5. D. de pign, act. Pomponius)

23. Le système du *pignus*, avons-nous dit, remédiait à cet inconvénient de la fiducie, qui était de transporter au créancier la propriété de la chose engagée, et de la mettre absolument à sa disposition. En effet, le débiteur reste propriétaire : le créancier n'est qu'un possesseur : il ne peut aliéner le *pignus*, qu'à défaut de paiement à l'échéance et encore avec certaines formalités. Si le créancier outrepassant son droit, voulait, hors des cas où il lui est permis de le faire, aliéner la chose engagée, il ne transmettrait rien au tiers acquéreur, et le débi-

teur pourrait toujours, soit à l'encontre d'un tiers détenteur, soit à l'encontre du créancier lui-même *vindicare
rem suam esse.*

24., Malheureusement, si ce premier vice de la fiducie
était supprimé, il restait toujours le second: le débiteur
restait toujours privé de la possession et de l'usage de
sa chose; et même ce vice se présentait d'une manière
plus incommode encore que dans la fiducie. En effet
dans la fiducie, le créancier propriétaire peut user comme bon lui semble de la chose engagée, de sorte que
cette chose est toujours du moins utile à quelqu'un. Au
contraire, le créancier gagiste ne peut en retirer aucun
usage sous peine de commettre un *furtum usus* (Ins.
Liv. 4. T. 1. de oblig. quæ ex delict. § 6.) Remarquons
toutefois que cette décision parait être de Justinien seul
et que nous ne la retrouvons ni dans Gaïus ni dans les
sentences de Paul, ni au Digeste. Remarquons également qu'il suffisait pour que ce créancier pût user de la
chose engagée, du consentement, ou même simplement
de la non-opposition du débiteur. C'est ce qui nous
explique en présence du texte des Institutes plusieurs
textes du Digeste qui nous montrent le créancier usant
de sa chose engagée, la donnant à bail, etc...

Quoiqu'il en soit, le débiteur est privé de la possession de sa chose : pour remédier à cet inconvénient, on
appliqua au *pignus* ce qu'on avait appliqué à la fiducie:
la location fictive et la concession à précaire. (Loi 6.
§ . 3 D. *de precario.* et loi 27 de pig., act.)

25. Dès lors nous voilà sur le chemin de l'hypothèque et nous allons bientôt la rencontrer. Bientôt ces

deux clauses de location fictive et de concession à précaire deviennent des clauses de style. On finit par les
sous-entendre. Le débiteur conserve et la propriété et
la possession de sa chose. On ne donne au créancier
qu'un droit *(jus in re)* au moyen duquel il peut, lorsqu'il n'est point payé à l'échéance 1° se faire mettre en
possession de la chose engagée; 2° une fois en possession, la convertir en argent au moyen des formalités
usitées pour le *pignus* proprement dit.

Voilà l'hypothèque: elle supprime les inconvénients
de la fiducie et du pignus que nous avons signalés. De
plus elle présente un nouvel avantage pour le crédit
public. Les trois quarts du temps, l'objet donné à titre
de fiducie ou à titre de gage, est d'une valeur très-supé-
rieure au montant de la créance qu'il garantit. Cependant
cet excédant de valeur ne pouvant pas être impignoré à
un autre créancier, il s'ensuit qu'il reste stérile , et ne
peut pas servir à procurer de nouveau du crédit à son
propriétaire. Avec l'hypothèque il n'en est plus ainsi:
la même chose peut être engagée à plusieurs débiteurs,
et jusqu'à concurrence de sa valeur toute entière. Plus
tard, lorsqu'elle est vendue, le créancier le premier en
date, prendra le montant de sa créance sur le prix de
vente : le second prendra ce qui restera, aussi jusqu'à
concurrence de ce qui lui est dû et ainsi de suite. De
cette manière la valeur toute entière de chaque objet
peut être impignorée et servir ainsi à assurer le crédit.

26. A quelle époque l'hypothèque proprement dite a-
t-elle été connue dans le droit Romain? Il serait difficile de le dire d'une manière précise. Pour moi je pense

qu'en raison de son origine Athénienne, l'hypothèque a dû commencer à pénétrer à Rome, à l'époque où cette dernière est devenue maîtresse des républiques Grecques. C'est en effet à cette époque que les arts, les mœurs et la littérature de la Grèce ont commencé à se répandre à Rome, et il est bien présumable qu'il en aura été un peu de même de son droit et de ses institutions.

27. Ce que nous savons d'une manière certaine, c'est que l'hypothèque proprement dite, avec tous ses caractères ou du moins avec ses caractères principaux, était connue à Rome vers la fin de la République. Voici en effet ce que nous lisons dans un passage de Cicéron (Epist. ad fam, XVI. 31), passage très-curieux et très-instructif à notre point de vue; Cicéron écrit à un de ses amis; il s'agit d'affaires, et voici les instructions qu'il lui donne : « *Philotes Alabandensis hypothecas Cluvio dedit. Velim cures ut, aut hypothecis decedat, easque procuratoribus Cluvii tradat, aut pecuniam solvat.*

Un grand nombre d'auteurs ont pensé que c'est tout au plus vers cette époque que l'hypothèque a pu être connue à Rome, parce que c'est le premier monument où nous la voyons figurer, et que du reste il s'agit dans le passage de Cicéron, d'un fait qui se passe dans une province Grecque seulement. Quant à moi, je crois que le passage de Cicéron tend, au contraire, à établir qu'au moment où il écrivait, l'hypothèque était déjà connue depuis un certain laps de temps.

Deux motifs m'ont amené à cette opinion.

Tout d'abord il est à remarquer que l'écrivain qui était avocat, par conséquent jurisconsulte, au moins dans une certaine mesure, parle de l'hypothèque, non pas comme d'une chose nouvelle, inconnue, exceptionnelle, mais au contraire, comme d'une chose toute simple, toute naturelle, et que tout le monde connaît. Remarquons encore qu'il en indique les effets, avec beaucoup de précision. Remarquons enfin qu'il écrit à un homme qui connaît la chose aussi bien que lui : il n'entre pas dans la moindre explication : « Philotès a consenti une « hypothèque à Cluvius ; qu'il paie ou qu'il abandonne « à Cluvius la chose hypothéquée. C'est absolument ce qu'on écrirait aujourd'hui dans une lettre d'affaires: il s'agit d'une chose sur laquelle tout le monde est bien fixé. Évidemment Cicéron n'eût pas ainsi parlé s'il s'était agi d'une nouveauté.

En second lieu, il s'agit dans ce passage d'une hypothèque ordinaire, consentie pour une créance ordinaire. Du moins rien ne fait supposer qu'il en soit autrement. Or, avant de connaître ce genre d'hypothèque, les Romains en ont pendant assez longtemps connu une autre espèce, espèce toute spéciale, l'hypothèque du propriétaire sur les meubles du fermier. En effet l'action *serviana utilis* n'a été qu'une extension de l'action Servienne proprement dite. Or, le passage de Cicéron ne s'occupe pas de cette dernière espèce d'hypothèque, mais seulement de la première; donc à l'époque où il écrivait, et où l'hypothèque ordinaire était connue, l'hypothèque spéciale du fermier était nécessairement en usage depuis un certain laps de temps.

28. Nous venons de dire que le premier cas d'hypothèque s'était présenté dans les rapports du propriétaire

avec son fermier. C'est en effet pour cette hypothèse
que les deux systèmes du *pignus* et de la fiducie étaient
éminemment vicieux. D'une part, il était impossible
de laisser le propriétaire, c'est-à-dire la culture du
sol, sans garanties. D'autre part, si le fermier doit se
dessaisir de ses meubles, c'est-à-dire le plus souvent de
ses ustensiles agricoles, comment pourra-t-il cultiver ?
La concession à précaire ne palliait qu'à demi l'inconvénient; car le précariste est tenu ds restituer la chose
à la première réquisition du concédant, et le fermier se
trouvait ainsi toujours à la merci d'un caprice du pro
priétaire. La location fictive valait peut-être un peu mieux,
mais en définitive il n'y avait dans ces deux moyens
que des fictions et des complications qu'il était utile
de remplacer par quelque chose de plus simple et
de plus réel.

C'est ce que fit le préteur : il admit qu'au moyen d'un
simple pacte le propriétaire acquerrait sur les meubles
du fermier un droit réel qu'il pourrait exercer envers
et contre tous : tandis que le fermier conserverait de
son côté la propriété et la possession de ces mêmes
meubles.

29. Cet arrangement était si simple et si commode, il
garantissait si bien les intérêts des deux parties que
bientôt on le fit sortir du cercle étroit dans lequel il
avait été d'abord renfermé pour l'étendre à toutes les
créances en général.

Il paraît que ce fut un préteur appelé Servius qui le
premier imagina la combinaison que nous venons d'indiquer en ce qui concerne le propriétaire et le fermier :

les auteurs ne sont pas unanimes sur le point de savoir quel était précisément ce Servius, mais comme la question ne présente pas grand intérêt, nous nous bornerons à indiquer la controverse : son nom fut donné à l'action résultant du pacte qu'il avait imaginé de valider : elle fut appelée action Servienne : et lorsqu'on eut étendu le système en dehors du cercle dans lequel Servius l'avait renfermé, lorsque le pacte d'hypothèque fut admis pour toutes les créances, l'action qui dut en résulter prit le nom de *quasi serviana* ou *serviana utilis*, nom qui indiquait qu'elle n'était qu'un développement de l'action Servienne primitive.

30. Nous avons maintenant à examiner comment le créancier mettra en œuvre les moyens que nous avons indiqués :

Son but final, c'est de se procurer au moyen de la chose engagée une somme d'argent suffisante pour couvrir le montant de sa créance : Le moyen qui lui est donné pour y arriver, c'est de vendre et livrer la chose engagée. Pour cela, il faut qu'il l'ait à sa disposition. S'il s'agit d'un *pignus* proprement dit, le créancier est déjà nanti : mais s'il s'agit d'une hypothèque, ou même dans l'hypothèse d'un *pignus*, si le créancier a perdu la possession, il faut préalablement qu'il obtienne ou recouvre cette possession. C'est dans ce but unique qu'ont été créées les actions Servienne, et quasi Servienne au moyen desquelles le créancier peut acquérir ou recouvrer suivant les cas, à l'encontre d'un détenteur quelconque, la possession de la chose soumise à son droit de gage.

31. Quand le préteur commença à accorder des interdits, il en donna aussi au créancier gagiste. Le premier qui ait été accordé paraît être l'interdit Salvien, interdit spécial, comme l'action Servienne, aux rapports du propriétaire avec son fermier. Quelle était l'utilité de ce interdit concourant avec l'action servienne, c'est ce qu'il est, je crois, assez difficile de préciser. Il y a là une question que nous aurons à traiter dans le chapitre suivant.

32. Nous avons vu que l'action servienne avait subi une extension considérable, et que de cette extension était résultée l'action quasi servienne. — On s'est demandé si l'interdit Salvien n'avait pas aussi été étendu par analogie, et s'il n'existait pas un interdit quasi Salvien, comme il existait une action quasi Servienne. Nous croyons devoir, en l'absence de tout texte qui parle de cet interdit, nous prononcer pour la négative.

Toutefois, comme la solution de cette question présuppose une connaissance plus approfondie de l'interdit Salvien, nous renvoyons également au chapitre suivant l'exposé des motifs qui nous ont amené à la solution que nous venons de donner.

33. Dans la période de transition que nous étudions en ce moment, nous n'avons insisté que fort peu sur le droit de suite. En effet, nous avions déjà parlé de ce droit de suite sous le système de la fiducie, et comme nous aurons à en parler longuement dans le chapitre suivant, sous le système du gage et de l'hypothèque, nous nous bornerons à indiquer ici les particularités que nous présente cette période de transition dans

deux cas particuliers, que nous connaissons déjà: la location fictive, et la concession à précaire faites au débiteur par le créancier gagiste.

Nous savons que ces deux moyens de pallier les vices du régime hypothécaire se retrouvent sous le système de la fiducie et sous celui du *pignus*. Nous savons aussi que le créancier gagiste qui a perdu la possession de la *fiducia* ou du *pignus* peut agir pour la recouvrer contre tout détenteur, même contre le débiteur qui détiendrait la chose par lui engagée.

34. Supposons maintenant que le créancier qui a reçu un objet à titre de fiducie, le loue ou le cède à précaire au débiteur. Quand le créancier voudra se payer avec la chose, il faudra qu'il commence par en obtenir la possession physique, afin de pouvoir la vendre et la livrer : pour cela il pourra: 1° la revendiquer, car il peut dire *rem suam esse;* 2° intenter l'*actio locati* si c'est une location fictive qu'il a consentie au débiteur ; 3° si c'est une concession à précaire, user de l'interdit *de precario.* Dans tous les cas, le débiteur gagiste ne pourra invoquer sa possession, car, ou bien elle est entachée de précarité, ou bien elle est censée appartenir au créancier, car le *locator* possède *per conductorem.*

Si le créancier n'a qu'un simple *pignus*, il ne peut plus revendiquer, car il ne peut pas dire : *rem suam esse ;* mais il peut, comme dans l'hypothèse qui précède, exercer l'action *locati* ou l'interdit de *precario.* Il a en outre certaines actions, qui ont fini par se confondre avec les actions Servienne et quasi Servienne, et dont les noms ont survécu dans quelques passages du Digeste: la *pigneratitia in rem*, la *pignoris persecutio*, ou *vindicatio*. (L. 7. § 12 com. divid. Loi 16 § 3 pign. et hyp.) Toutefois il paraît qu'à l'origine, le *pignus* ne donnait au créancier qu'un simple droit de rétention, et ne lui permettait pas de revendiquer, à l'encontre des tiers une possession qu'il aurait perdue.

D'après Isidore de Séville (orig. V. 25) on aurait commencé par donner au créancier gagiste des interdits possessoires : puis, après l'établissement des actions Servienne et quasi Servienne, en aurait étendu ces actions au *pignus* proprement dit.

35. Enfin arrive le système de l'hypothèque qui rend inutiles les locations fictives, et les concessions à précaire, et avec elles l'action *locati* et l'interdit *de precario*. Avec ce système apparaissent de nouveaux moyens mis à la disposition du créancier gagiste ; moyens que nous étudierons dans le chapitre suivant, et dont le principal est l'action quasi Servienne dans laquelle viennent se fondre les actions anciennement usitées, et qui s'applique d'une manière générale soit au gage *stricto sensu* soit à l'hypothèque proprement dite.

CHAPITRE III

DROIT DES PANDECTES ET DU CODE

Du pignus *et de l'*hypotheca. — *De leurs différences. —
Du droit de suite sous cette période. — Comment le
créancier exerce son droit de suite; à l'encontre de
qui. — Des actions et voies de droit qui lui sont
ouvertes:*

*1° Au pétitoire. — Action Servienne. — Action
quasi Servienne. — Leurs différences avec l'action* pigneratitia. — *Leur mécanisme. — En quoi consiste
l'*arbitratus judicis *dans ces deux actions.*

2° Au possessoire. — Interdits ordinaires adipiscendæ, retinendæ, recuperandæ possessionis. —
*Interdits spéciaux. — Interdit Salvien. — Quid du
prétendu interdit quasi Salvien.*

36. Le gage *stricto sensu* et l'hypothèque proprement dite ne sont, pour ainsi dire, que deux variétés
d'une même espèce. Dans l'un comme dans l'autre, le
fond du droit est le même, il n'y a de différence que
dans les détails. C'est ce qui nous explique comment
Marcien a pu dire (Loi 5 § 1 D. de *pign. et hyp.*): *Inter
pignus et hypothecam nominis tantùm sonus differt.* —
Cependant remarquons, malgré la généralité des

expressions dont se sert le jurisconsulte, qu'il existe entre ces deux choses quelques différences qui sont loin d'être seulement des différences de nom. Comme l'étude de ces différences ne rentre pas dans le cadre de cette étude, je me bornerai à renvoyer sur ce point aux ouvrages spéciaux sur la matière.

37. Du reste, la formule ci-dessus de Marcien se justifie et devient plus exacte, lorsqu'on examine l'*inscriptio* du fragment où elle figure au Digeste : elle est tirée du *Liber singularis ad formulam hypothecariam*. Marcien traitait la question simplement, ou du moins principalement, au point de vue de l'action hypothécaire, et à ce point de vue la formule est exacte, à très-peu de chose près. Justinien qui a reproduit la pensée du jurisconsulte (Inst. § 7 de Act.) et qui n'avait pas de titre propre à déterminer le sens des expressions, s'est exprimé d'une manière plus précise : « *Inter pignus et hypothecam, quantùm ad actionem hypothecariam attinet nihil interest.....sed in aliis differentia est.....* » Toutefois, même avec cette correction, la pensée n'est pas encore rigoureusement exacte, car il existe une différence entre le gage et l'hypothèque, même au point de vue de l'action hypothécaire, et comme c'est là précisément le point de vue où nous sommes placés dans cette étude, je la signale immédiatement.

38. Le créancier nanti d'un *pignus* et qui en perd la possession, peut agir immédiatement pour la recouvrer, sans avoir à attendre que sa créance soit échue : « *quasitum est*, dit Ulpien (Loi 14, p. de pign. et hyp.), *si nondùm dies pensionis venit an et persequi*

pignora permittendum sit? — Et puto dandam pignoris persecutionem, quid interest meâ....et ità Celsus scribit. »
Au contraire, le créancier qui n'a qu'une simple hypothèque ne peut agir qu'après l'échéance « *si paciscatur creditor,* dit Marcien (Loi 5. § 1 D. *quib. mod. pign. vel hyp. solv.) ne intrà annum pecuniam petat, intelligitur de hypotheca quoque idem pactus esse.* »

Cette différence de position entre le créancier gagiste et le créancier hypothécaire se justifie facilement. Le premier, en contractant, a exigé la possession du gage, depuis le jour du contrat jusqu'au paiement : lui refuser le droit d'agir avant l'échéance, ce serait lui refuser ce qui lui a été promis, ce sur quoi il a compté. Au contraire, le créancier hypothécaire n'a exigé rien de pareil : il n'a voulu avoir qu'une chose : un droit réel sur la chose engagée qui lui permît, s'il n'était pas payé à l'échéance, de s'en saisir et d'en faire de l'argent : lui permettre d'agir avant l'échéance ce serait lui accorder une possession intérimaire à laquelle il n'a pas droit, car il ne l'a pas stipulée, et elle ne lui a pas été promise.

39. La différence que je viens de signaler, est la seule à ma connaissance qui existe entre le gage et l'hypothèque au point de vue du droit de suite. Or comme on le voit, elle est assez légère pour que Marcien et Justinien aient pu la négliger sans pour cela commettre une inexactitude sensible.

40. *Comment et à l'encontre de qui le créancier exerce son droit de suite.* — Le but final et définitif du créancier

est de se payer du montant de la dette au moyen de la valeur de l'objet engagé.

Pour arriver à ce but, il a, si je puis m'exprimer ainsi, deux étapes à parcourir :

1° Il faut qu'il se mette en possession de la chose engagée, si cette chose n'est pas déjà à sa disposition ;

2° Une fois en possession, il faut qu'il vende et livre cette chose, afin de se payer sur le prix.

De ces deux étapes imposées au créancier gagiste nous n'aurons à parcourir qu'une seule : ce que nous avons en effet à étudier ici ce sont les moyens à prendre par le créancier pour se mettre en possession de l'objet affecté à la sûreté de sa créance. C'est l'ensemble de ces moyens qui constitue le droit de suite ou poursuite hypothécaire.

41. Ce droit de suite appartient en principe à tout créancier gagiste ou hypothécaire. La règle est même absolue sous Justinien qui a tranché en ce sens une controverse soulevée dans l'ancien droit sur le point de savoir si le *pignus prætorium* résultant de la *missio in bona* ou *in possessionem* donnait droit de suite au créancier. Justinien a décidé : *non solum tenentem creditorem adjuvari sed etiam si à possessione cadat* (L. 2 C. de *pretorio pign*. L. VIII T. 22.) A l'occasion de cette décision isolée, Justinien pose le principe que le droit de suite appartient à tout créancier gagiste ou hypothécaire.

Notons ici que le créancier ne peut jamais se procurer de son autorité privée la possession de la chose engagée ; il doit toujours recourir à l'intervention du magistrat. Toutefois le fait par lui de s'être ainsi emparé de la chose ne constituerait pas une violence proprement dite (Loi 3, C, de pign, et hyp. Liv. VIII, T. 14,).

42. Ce droit peut être exercé en principe contre tout détenteur de l'objet grevé du droit de gage ou d'hypothèque, quel qu'il soit, fût-il le propriétaire lui-même : Quand la poursuite hypothécaire est exercée, on n'a à s'occuper que d'une chose : savoir si le défendeur détient ou ne détient pas : « *In vindicatione pignoris*, dit Marcien dans son *Liber singularis ad formulam hypothecariam, quæritur an rem de quâ actum est possideat is cum quo actum est.* » (Loi 16 § 3, de pign. et hyp. V, aussi L. 12 princip. qui potiores D. et L. 18 § 2 de pign. act.)

43. Notons en passant, que si le créancier est en possession, il pourra s'y maintenir au moyen d'une exception, s'il est poursuivi soit par une revendication soit par l'action d'un autre créancier hypothécaire postérieur. Mais si au contraire le créancier qui l'attaque avait un droit antérieur au sien, son exception serait paralysée par une réplique de ce dernier. — Nous aurons à revenir, dans le chapitre IV, sur ce conflit de créanciers exerçant les uns contre les autres la poursuite hypothécaire; nous nous bornerons pour le moment à renvoyer à la loi 12 p. *qui potiores* que nous venons de citer.

44. Avant de passer à l'étude des moyens donnés au créancier hypothécaire pour exercer son droit de suite, nous devons mentionner une particularité relative au cas où l'objet engagé est une créance. Il y a alors

quelque chose qui n'est pas le droit de suite, mais qui présente avec lui une analogie très-grande : c'est le droit accordé au créancier gagiste de poursuivre en son propre nom et au moyen d'une *utilis actio*, le débiteur de cette créance (Loi 7 C. *de actione vel hæreditate vendita*, IV, 39. L. 18 p. de pign. act.) En outre de ce droit, de cette sorte de *persecutio pignoris*, le créancier peut encore, conformément au droit commun, vendre la créance et se payer sur le prix.

45. Les voies de droit mises à la disposition du créancier gagiste ou hypothécaire, sont pétitoires ou possessoires : nous allons les étudier séparément.

1° Pétitoire. — Action quasi Servienne.

46. Nous avons vu dans le chapitre précédent la naissance de l'hypothèque et des actions qui en dérivent. Nous avons vu apparaître l'action Servienne *de rebus coloni* : nous avons vu ensuite l'action quasi Servienne, extension de l'action Servienne, s'appliquer à toutes les créances et prendre un développement tel, qu'elle finit, pour ainsi dire, par étouffer l'action Servienne qui lui avait donné naissance. Cette dernière cependant continue à exister concurremment avec elle, mais on comprend que, restreinte au cas tout spécial d'une hypothèque consentie par un fermier à son propriétaire, elle ne joue plus, au moins dans la pratique, qu'un rôle excessivement secondaire.

47. Toutefois, l'action Servienne a laissé une trace dans notre droit français; le privilège du bailleur sur ce qui garnit la ferme : et ce qu'il y a d'assez

remarquable c'est que le droit de suite sur les meubles qui existait en droit romain, et que notre droit français a supprimé en thèse générale, a été cependant conservé pour le privilége dont nous parlons, et qui correspond à l'action Servienne.

Nous allons donc donner quelques détails sur cette action en les rapprochant des particularités que présente en droit français le privilége du bailleur.

48. L'action Servienne est donnée *de rebus coloni quas is pro mercedibus fundi pignori futuras pepigisset* (Inst. Liv. IV T. VI § 31.) Elle se limite strictement à cette hypothèse : meubles du fermier engagés expressément pour sûreté des fermages. Ainsi elle ne s'étend pas même à l'hypothèque tacite accordée au bailleur sur les récoltes des immeubles affermés (Loi 7 D. in quib. caus. pign.). C'est alors l'action quasi Servienne qui est donnée. Dans notre droit Français au contraire, c'est le même privilége et la même action qui grèvent au profit du propriétaire soit les meubles du fermier, soit les récoltes des immeubles affermés. La raison de cette différence et de ce défaut d'unité dans ce système romain provient sans doute de ce que la législation prétorienne ne s'est formée que peu à peu et non d'une seule pièce, comme notre code Napoléon.

Ainsi en matière de sûretés réelles, l'action Servienne n'a qu'une application fort restreinte.

49. Au contraire, l'action quasi Servienne s'applique à toute espèce de créance garantie par une sûreté réelle. C'est donc principalement sur elle que nous avons à insister.

50. Nous connaissons déjà les noms différents qui ont été donnés à cette action, et qui en général sont employés indifféremment l'un pour l'autre : *Vindicatio pignoris, persecutio, utilis serviana,* quelquefois même *serviana* tout court, comme dans la loi 28 de pign. act : *quasi serviana, pigneratitia in rem,* ou même simplement *pigneratitia.*

Le mot d'*actio hypothecaria* s'applique quelquefois pour désigner l'action résultant du gage en général, et comprend alors tant l'action Servienne que l'action quasi Servienne : mais le plus souvent le mot d'action hypothécaire est synonyme d'action quasi Servienne.

Au surplus, il n'y a rien de bien arrêté dans toute cette phraséologie, et le plus ordinairement, c'est par l'ensemble du texte qu'on reconnaît dans un cas donné quelle est précisément l'action dont il est parlé.

Cette remarque nous amène à en faire une seconde qui s'y rattache.

Nous venons de voir le nom d'*actio pigneratitia in rem* ou même *pigneratitia* tout court, donné à l'action quasi Servienne. Il faudrait bien se garder de confondre cette *actio pigneratitia,* servant de sanction au droit réel de gage ou d'hypothèque avec une autre action du même nom, la *pigneratitia* proprement dite dont il est question au Digeste livre 13 Tit. 7. Voici quel est l'usage de cette dernière action qui est purement personnelle et qui est complétement étrangère aux rapports du créancier gagiste avec les tiers détenteurs, c'est-à-dire à la matière qui nous occupe. On se rappelle que sous le système de la fiducie, le débiteur après avoir payé sa dette, pouvait exiger du créancier qu'il lui retransférât la propriété de la chose engagée, et avait pour l'y contraindre une action personnelle, appelée *actio fiduciæ*. Quand la fiducie eut disparu pour faire place au *pignus*, on accorda également au débiteur le droit de se faire retransférer, après paiement, la possession de la chose, et on lui donna dans ce but une action appelée *pigneratitia* et qui n'avait guère avec *l'actio fiduciæ* d'autre différence que le nom. Cette action présente la plus grande analogie avec les actions *depositi, commodati;* comme elles, l'action pigneratitienne est *directa* ou *contraria*. La *pigneratitia directa* sert au débiteur à recouvrer la chose; la *contraria* sert au créancier à se faire indemniser des dépenses qu'il a dû faire pour la conservation de cette chose, et ce, dans les hypothèses où le droit de rétention ne suffirait pas pour le couvrir, notamment dans le cas où le gage aurait péri dans ses mains par cas fortuit.

Ainsi qu'on le voit, *l'actio pigneratitia* est une action personnelle intervenant dans les rapports du créancier avec son débiteur, tandis que les actions Servienne et quasi Servienne sont des actions réelles, destinées à régler les rapports du créancier avec les détenteurs (Loi 17 D. de pign. et hyp.). Aussi quand on donne à l'action quasi Servienne le nom de *pigneratitia*, a-t-on presque toujours soin d'ajouter les mots *in rem* pour la caractériser et la distinguer de la *pigneratitia* ordinaire.

51. *Mécanisme des actions Servienne et quasi Servienne. Conditions nécessaires pour les exercer.* — Aujourd'hui dans notre droit français, le créancier qui veut mettre en mouvement l'action hypothécaire

doit commencer par donner à son droit une publicité
déterminée. Il n'en est pas de même en droit Romain ;
l'hypothèque qui prend naissance sans aucune solennité
par un simple pacte, se conserve et s'exerce sans aucune
publicité. C'est là un des vices les plus graves du système hypothécaire Romain : le tiers détenteur peut voir
fondre sur lui à l'improviste une action hypothécaire,
sans que rien l'ait prévenu de ce danger, sans qu'il ait
été possible à l'homme le plus circonspect et le plus intelligent, de se mettre à l'abri. Ce ne sera que par la *voca-
tio in jus* ou par le *libellus conventionis,* qu'il sera averti,
c'est-à-dire à une époque où il ne lui est plus possible
de faire autre chose que de désintéresser le créancier ou
de se soumettre passivement à une éviction. Il est même
étonnant que ce vice capital ait échappé à l'esprit si
juridique des Romains, et que le préteur qui avait créé
tout ce système, n'ait pas su combler cette lacune, lacune
que dans notre ancien droit les pays dits de nantissement avaient su faire disparaître à une époque où cependant le droit était loin d'atteindre la hauteur à laquelle
il s'était élevé à Rome.

52. Ainsi donc, le créancier n'a préalablement à sa
demande, aucune justification à faire. Mais une fois
l'action intentée, ou pour parler plus exactement une fois
arrivé devant le juge, le créancier, à cause de sa position
de demandeur, doit faire certaines justifications que nous
pouvons diviser en deux classes :

1°. Il doit prouver qu'il a le droit d'exercer la poursuite hypothécaire *in abstracto,* contre tout individu qui
pourra se trouver en possession de l'objet hypothéqué;

2°. Qu'il a le droit d'exercer cette poursuite précisément contre le défendeur actuel *in concreto*.

53. Voyons comment il fera cette double preuve.

Chacune de ces deux propositions qu'il doit établir, se subdivise et exige la preuve de plusieurs faits; ainsi :

54. 1°. Pour établir qu'il a le droit d'agir *in abstracto* pour recouvrer la possession de l'objet qu'il réclame, le demandeur devra prouver 1° qu'il est créancier, 2° que l'objet en question lui a été valablement hypothéqué, ce qui implique la preuve qu'il appartenait à celui qui a fourni l'hypothèque. (Marcien — L. 23 D. de probat. et præsump.) ou du moins qu'il était *in bonis ejus* (Paul, loi 18 D. de pign. et hyp).

55. 2° Pour établir qu'il a le droit d'agir *in concreto*, c'est-à-dire contre le défendeur actuel, le créancier doit prouver que ce défendeur possède, ou ce qui revient au même, qu'il a frauduleusement cessé de posséder : *nam si non possideat nec dolo fecerit quominùs possideat absolvi debet.* (Loi 16, § 3 de pign. et hyp.).

56. Ainsi, devant le magistrat, le demandeur devra offrir la preuve de tous ces faits. Le magistrat le consignera dans la formule et renverra les parties devant le juge qui devra en vérifier l'exactitude. (Nous nous plaçons ici bien entendu sous le système formulaire, c'est-à-dire à l'époque classique).

57. Supposons maintenant que le juge a reconnu l'existence de ces faits : il est constant que le demandeur est créancier, qu'il a hypothèque valable, que le défendeur possède, ou a cessé par dol de posséder. Que va-t-il en résulter ?

Le procès peut encore avoir deux issues que nous allons examiner séparément : 1°. L'exécution de l'*arbitratus judicis* par le défendeur. 2°. Une condamnation prononcée par le juge.

De l'Arbitratus Judicis.

58. Pour l'intelligence de ceci, il est nécessaire de jeter un coup d'œil rapide sur une classe d'actions toute spéciale, dont fait partie l'action hypothécaire, et qu'on appelle action arbitraire.

58. Il est de principe dans le droit Romain, au moins dans le droit Romain classique, que la condamnation prononcée par le juge ne peut jamais avoir pour objet qu'une somme d'argent. C'est un point qui a été changé plus tard (Inst. Liv. IV, Tit. VI de Actionibus § 32.) mais qui a laissé des traces profondes dans les Pandectes et même dans le Code. Cette règle, dont il me paraît impossible de donner une raison si ce n'est dans le développement historique du droit, amenait des resultats déplorables. Ainsi je revendique ma chose contre un individu qui ne veut pas me la rendre. Je le ferai condamner à me payer une somme d'argent, mais s'il le veut, il gardera ma chose. D'un autre coté, d'après la doctrine proculéienne, si, une fois l'instance engagée, le détenteur reconnaissant mon droit, veut en me restituant ma chose échapper à une une condamnation, il ne le peut pas non plus : *lite contestatâ, oportet reum condemnari.*

Pour obvier à cet inconvénient, aussi fâcheux pour le demandeur que pour le défendeur, voici ce qui fut imaginé. Le magistrat donne au juge le pouvoir d'inter-poser son *arbitrium* : le juge, après avoir reconnu que la prétention du demandeur est fondée, peut dire au défendeur : « Consentez à fournir à votre adversaire la « satisfaction que je vais vous indiquer, et je vais vous « absoudre : sinon je vous condamne. » Ainsi, en ma-tière de revendication, après avoir reconnu que la chose revendiquée appartient au revendiquant, il dira au dé-fendeur : « Restituez, et je vous absous, sinon je vous « condamne. »

Les actions dans lesquelles ce pouvoir spécial est donné au juge se nomment actions arbitraires. L'action hypothécaire en est une.

Les notions que nous venons de donner sur les actions arbitraires, bien qu'excessivement restreintes, étant suffi-santes pour l'intelligence de ce qui va suivre, nous n'entrerons pas plus avant dans une matière qui est étrangère au cadre de notre étude.

60. Revenons à l'action hypothécaire.

Le magistrat a délivré la formule, le juge a reconnu l'exactitude des faits à prouver par le demandeur. Va-t-il condamner *de plano* le défendeur? non; il va inter-poser son *arbitrium*, et dire au possesseur : « Il y a une « satisfaction à fournir au demandeur, fournissez-là et « je vais vous absoudre. »

61. En quoi consistera précisément cette satisfaction? La réponse à cette question est déjà nettement indiquée dans le passage de Cicéron que nous avons cité au cha-pitre précédent. Il s'agit d'un individu qui a consenti en faveur d'un autre une hypothèque qu'il s'agit de rame-

ner à exécution : « *Velim cures*, dit Cicéron *ut aut hypothecis decedat, easque procuratoribus Cluvii tradat, aut pecuniam solvat*.

L'arbitrium du juge ouvre, dans l'action hypothécaire, une double issue au défendeur pour échapper à une condamnation. Il a deux partis à prendre : ou bien payer la dette hypothécaire, ou bien abandonner l'objet hypothéqué.

62. Si le défendeur prend le premier parti, il doit désintéresser complètement le créancier gagiste et lui payer sa créance, tant en capital qu'en accessoires et intérêts valablement stipulés. En échange de ce paiement, le détenteur pourra exiger que le créancier lui cède les actions. C'est là un point sur lequel nous reviendrons plus tard.

Ce moyen donné au défendeur de garder la chose hypothéquée en payant la dette hypothécaire, repose sur ces deux principes : 1° que toute personne peut valablement payer la dette d'un tiers, et 2° que le créancier gagiste, en perdant son action personnelle, perd en même temps l'action hypothécaire qui n'en est que l'accessoire. C'est ce qu'indique Paul dans la loi 72, § 1. D. *Quibus modis pign. vel. hyp. solv.* « *qui pignoris jure rem persequuntur à vindicatione rei eos removeri solere, qualiscumque possessor offerre vellet neque enim debet quæri de jure possessionis, cum jus petitoris removeatur soluto pignore.* (V. aussi Loi 16. § 3. D. de pign. et hyp.).

63. Le second parti que peut prendre le tiers détenteur poursuivi par l'action hypothécaire, c'est d'abandonner la chose hypothéquée qu'il détient : nous n'avons

rien à dire de particulier sur cette hypothèse, nous renvoyons simplement aux principes généraux sur la position du défendeur qui a une restitution à faire. Notons seulement une particularité en ce qui concerne les fruits perçus: Ces fruits ne pourront être exigés par l'action hypothécaire, qu'autant que la chose restituée ne suffit pas à désintéresser le demandeur (Loi 16 § 4 de pign. et hyp.).

61. Une question qni est du reste plus générale et se rattache à l'étude des actions arbitraires en général, est de savoir si *l'arbitrium* du juge peut être exécuté à l'aide de la force publique ou si son exécution est entièrement laissée à la volonté du défendeur. Nous pensons pour nous, en thèse générale, que la nature même de l'arbitratus judicis s'oppose à ce qu'on l'exécute *manu militari*. L'*arbitratus* n'est autre chose, en effet, qu'une option présentée par le juge au demandeur: « Il y a, dit « le juge, telle chose à faire : faites la, je vais vous « absoudre, si vous ne la faites pas je vais vous condamner. » Cela résulte des termes même de la formule: On prévoit le cas où le défendeur n'obéira pas à *l'arbitratus*, et alors on donne au juge un pouvoir, mais un seul, celui de condamner.

Spécialement dans notre matière, aucun texte ne nous autorise à penser que *l'arbitratus judicis* puisse être exécuté *manu militari*. Il existe il est vrai, un texte qui semble dire le contraire en matière de revendication, mais en admettant même, ce que beaucoup n'admettent pas, que ce texte n'ait subi aucune interpolation, la décision peut encore s'expliquer par les circonstances

particulières qui y sont visées. (Loi 68 de rei vindicatione.) Au reste l'examen de cette question nous entraînerait hors des limites que nous nous sommes tracées.
Nous nous bornons à constater qu'en matière hypothécaire aucun texte ne nous fait soupçonner l'intervention
de la *manus militaris.*

65. Ainsi nous venons de voir ce que peut faire le
détenteur pour éviter une condamnation : *cede aut solve,*
lui dit le juge, il faut qu'il paie la dette hypothécaire,
ou qu'il abandonne l'objet hypothéqué.

Supposons qu'il ne veut faire ni l'un ni l'autre, alors
(puisque dans notre opinion du moins, *l'arbitratus* ne
peut être ramené à exécution par la force publique), le
procès se terminera par une condamnation prononcée
contre le défendeur.

De la Condamnation.

66. Pour étudier ce dernier point d'une manière à
peu près complète, nous avons deux questions à nous
poser:

1° En quoi consiste la condamnation? 2° Comment
sera-t-elle mise à exécution, en d'autres termes, comment le créancier arrivera-t-il à son but final, c'est-à-
dire au paiement de sa créance?

67. 1° *En quoi consistera la condamnation?* En principe
dans les actions arbitraires, la condamnation est égale
à la valeur pécuniaire de l'intérêt qu'avait le demandeur
à ce que *l'arbitratus judicis* fut exécuté. Mais ici ce qui
fait la difficulté c'est que l'arbitratus est double: le défen.

deur pouvant ou *solvere*, ou *cedere*. La condamnation
sera-t-elle égale à l'intérêt qu'avait le demandeur à ce
que le défendeur lui payât sa créance ? Devra-t-elle au
contraire représenter l'intérêt qu'avait le demandeur à
ce que la chose hypothéquée lui fût abandonnée? Voici
l'intérêt de la question: Au premier cas, la condamnation devra être égale au montant de la créance hypothécaire, au second elle devra être égale à la valeur de
la chose hypothéquée.

68. A cet égard, le droit romain distingue. L'action
hypothécaire est-elle dirigée contre le débiteur, la condamnation ne peut jamais dépasser le montant de la
dette. (Loi 21 § 3. D. de pig. et hyp.) C'est là en effet la
limite de l'intérêt légitime du demandeur.

Si au contraire l'action est dirigée contre un tiers détenteur, la condamnation sera égale à la valeur de la
chose hypothéquée. (Loi 21 § 3. Loi 16 § 6 de pign. et
hyp.) Ici, en effet, l'intérêt du créancier est précisément
égal à cette valeur, car, supposons que le débiteur
vienne lui offrir le montant de sa dette, et réclamer la
chose engagée au moyen de la *pigneratilia directa*,
le créancier qui ne pourra plus la lui rendre sera condamné à lui en payer la valeur. Il faut donc lui mettre
dès à présent, entre les mains de quoi se couvrir contre
cette éventualité. (Azon).

69. La solution que nous venons de donner ne serait
plus exacte cependant dans le cas particulier où le détenteur aurait frauduleusement abandonné la possession.
Dans ce cas, on appliquerait comme dans les autres
actions *in rem* le *jusjurandum in litem* (loi 16 § 3

de pign et hyp.) Il me semble probable *a fortiori* qu'il doit en être de même en cas de *contumacia* du défendeur, de telle sorte que la condamnation à la valeur de la chose, ne s'appliquerait que dans le cas où le défendeur se serait mis, par sa faute, et non par son dol, dans l'impossibilité de restituer. C'est là du reste la théorie générale en matière d'actions arbitraires, et il n'y a aucune raison pour qu'elle ne s'applique pas à l'action hypothécaire comme aux autres.

70. Notons en passant une décision de Marcien assez importante (Loi 16. § 6. de pign. et hypoth.) le jurisconsulte suppose une condamnation supérieure au montant de la dette hypothécaire; il se demande si même après cette condamnation, le détenteur ne peut pas se libérer en payant simplement le montant de cette dette, et tout en avouant que sa décision est contraire à la rigueur du droit, et à *l'auctoritas sententiæ*, il se prononce en faveur du tiers détenteur, *quòd humaniùs est*, dit-il.

Cette décision a passablement embarrassé les commentateurs. L'individu condamné, dont parle Marcien, est-il le débiteur lui-même ? mais nous venons de voir qu'à son égard la condamnation ne peut dépasser le montant de la dette hypothécaire. S'agit-il d'un tiers détenteur ? Mais alors la décision de Marcien n'est pas équitable, car le créancier touchant une valeur inférieure à celle de la chose, ne gardera pas entre ses mains de quoi se couvrir contre l'action *pigneratitia* que le débiteur pourrait plus tard diriger contre lui, de telle sorte que le paragraphe 6 de la loi 16, paraît en contradiction avec le paragraphe 3. de la loi 21. Pour moi je

pense avec Bartole, (Annot. de Godefroy, sur ce § 6 de
la loi 16.) que la décision de Marcien s'applique à un
débiteur, qui, poursuivi par l'action hypothécaire, s'est
mis dans le cas de subir un *jusjurandum in litem :* En effet,
bien qu'au premier abord la loi 21 § 3, semble dire que
jamais la condamnation ne peut, vis à vis du débiteur,
dépasser le montant de la dette, cette loi ne doit s'entendre que des circonstances ordinaires, où un tiers détenteur ne serait condamné qu'à la valeur même de la
chose, et non des cas exceptionnels comme le dol ou la
contumacia, qui donne lieu au *jusjurandum*. Dans ces
cas, en effet, le débiteur est assimilé au tiers détenteur,
et cela résulte de la loi 16 § 3. cod. qui, parlant de *jusjurandum in litem* dans l'hypothèse où le défendeur a
cessé par dol de posséder, ajoute : *nam si tanti condam-
natio esset quantum deberetur quid proderat in rem actio
cum et in personam agendo idem consequeretur.* Il s'agit
donc bien ici du débiteur, puisqu'il s'agit d'un détenteur
qui pouvait être poursuivi par une action *in personam.*
Ainsi donc le débiteur lui-même peut, dans certaines
circonstances exceptionnelles, subir une condamnation
supérieure au montant de sa dette, et dans ce cas, d'a-
près les principes rigoureux il devrait payer le montant
intégral de la condamnation ; mais comme *bona fides non
patitur ut bis idem exigatur*, Marcien lui accorde *huma-
nius* le droit de se libérer en payant simplement sa dette
hypothécaire.

71. La condamnation intervenue, il s'agit de la ramener
à exécution : le créancier y parviendra par les moyens
ordinaires, moyens que nous n'avons pas à examiner ici

puisqu'ils sortent du cadre spécial que nous nous sommes tracés.

72. Notons cependant une particularité qui vient à l'appui de ce que nous avons dit plus haut, relativement à l'intérêt qu'a le demandeur dans certains cas à ce que la condamnation dépasse le montant de sa créance. Lorsque par suite de cette condamnation, le créancier a touché du détenteur une somme supérieure à la créance hypothécaire il est tenu de restituer le surplus à son débiteur, et ce, au moyen de la *pigneratitia*. Il faut en effet que le débiteur retrouve la valeur de sa chose, et il y arrive, tant au moyen de la libération effectuée à son profit qu'au moyen de la restitution du surplus qui lui est faite par son créancier. (Loi 21 § 3. *in fine de pign. et hyp.*)

73. Les actions dont nous venons de parler sont des actions *in rem :* Mais le créancier hypothécaire pourrait encore avoir des actions *in personam* contre les tiers détenteurs de la chose engagée ; par exemple *l'actio furti* si cette chose lui a été volée (Cujas ad legem 25 de regulis juris.); *l'actio locati* ou *l'actio commodati*, s'il l'a louée ou prêtée.

74. Après avoir étudié les voies pétitoires ouvertes au créancier gagiste et le mécanisme des actions qui lui sont données, passons aux voies possessoires.

2° Voies possessoires ouvertes au créancier gagiste.

75. Ces voies possessoires sont les interdits.

Occupons-nous d'abord d'un interdit spécial à notre matière, l'interdit Salvien.

De l'interdit Salvien.

76. Cet interdit est au possessoire ce qu'est au pétitoire l'action servienne. Comme l'action servienne, l'interdit salvien sert au propriétaire à se procurer la possession des objets que son fermier lui a spécialement affectés pour sûreté des fermages, et encore Théophile le limite-t-il aux choses apportées par le fermier dans la ferme.

77. L'interdit salvien, ainsi appelé sans doute du nom du préteur qui le premier lui donna place dans son édit, est un interdit *adipiscendæ possessionis*. Il fait l'objet d'un titre entier du digeste (43. 33.) titre fort court à la vérité, et se trouve mentionné dans divers textes, notamment dans Gaïus. (Inst. com. IV. § 147.) et aux Institutes (IV. 15. § 3.)

78. Quelle est l'utilité de l'interdit salvien coexistant avec l'action servienne ? Au premier abord il semble qu'il y a double emploi, car en définitive, avec l'action, de même qu'avec l'interdit, le créancier ne demande et n'obtient que la possession de la chose engagée. C'est là en effet ce qu'à pensé M. de Savigny. D'après lui, l'interdit salvien n'aurait été qu'un acheminement à l'action

servienne, puis l'action servienne une fois admise, l'interdit aurait coexisté avec elle, de même que la fiducie a persisté pendant assez longtemps encore après l'introduction du *pignus* et de l'hypothèque. Cette opinion suppose nécessairement, comme on le voit qu'il y aurait double emploi entre l'action et l'interdit. Or, ce double emploi n'existe pas, ainsi que l'indique un texte formel, la loi 2. D de *salviano interdicto.* Ulpien, supposant un individu attaqué par l'interdit salvien, nous dit : « *possessor vincet, et erit eis descendendum ad servianum judicium.* » Ainsi l'interdit salvien a son utilité propre, ce qui exclut l'opinion de Mr de Savigny. Nous rechercherons tout à l'heure qu'elle peut être cette utilité.

Une seconde explication consiste à dire que l'interdit salvien ne peut être donné que *adversus debitorem conductoremve.* (Loi 1. C. de precario VIII. 9.) tandis que l'action servienne est donnée contre tout détenteur. Mais si la loi 1re C. *de precario,* devait être ainsi interprétée elle serait au moins constitutive d'un droit nouveau, et diamétralement opposée à la loi 1 § 1. D. de *salviano interdicto* (Liv. XLIII. Tit.33.) Telle n'est pas je crois l'interprétation qu'il faut donner à la loi 1re *de precario* Il suffit de la lire en entier pour voir que le texte oppose les droits d'un créancier ordinaire, (action quasi servienne) aux droits du bailleur d'un fond rural, et qu'il a simplement voulu exprimer cette idée que pour exercer l'interdit salvien, il faut que le créancier soit un bailleur ou un locateur. Ainsi cette seconde explication ne doit pas être admise puisque l'interdit salvien, aussi bien que l'action quasi servienne, peut être donnée *ad-*

versus quemvis possessorem. (Loi 1. § 1. D. salv. interd. cit.)

Nous pensons que la question doit être résolue par les principes généraux sur les interdits. En thèse générale, l'interdit ne touche pas au fond du droit, et n'est pas une mesure définitive. Il existe entr'eux et les actions, au fond, la même différence qu'entre nos actions pétitoires et nos actions possessoires. Pour rendre plus clairement notre pensée, prenons d'abord une hypothèse très-simple, en matière de propriété, laquelle nous conduira au point spécial qui nous occupe. Supposons que je viens de perdre la possession d'une chose qui m'appartient : j'ai deux moyens à prendre pour me la faire restituer — ou bien j'agirai au pétitoire et alors : 1° J'aurai à prouver que je suis bien propriétaire ; 2° Je ferai reconnaître mon droit de propriété. En d'autres termes je ferai juger l'affaire au fond. Ou bien au contraire j'agirai au possessoire et alors : 1° J'aurai à prouver seulement que j'ai la possession *ad interdicta* ; 2° Je ferai reconnaître mon droit à la possession seulement.

Appliquons ce principe à la matière qui nous occupe.

Si je veux faire reconnaître mon droit au fond d'une façon définitive, et de manière à n'avoir plus rien à démêler dans la suite avec le détenteur que je veux actionner, j'agirai au pétitoire, j'intenterai l'action servienne, mais alors il faudra que je fasse d'une manière complète la preuve de mon droit, et notamment que j'établisse, outre la constitution de l'hypothèque, le droit qu'avait le constituant de m'hypothéquer la chose. En revanche la question une fois vidée en ma faveur, je serai débarrassé à toujours du défendeur actuel qui ne pourra plus m'inquiéter d'aucune manière sans être repoussé par l'exception *rei judicatæ*.

Si au contraire je veux simplement me procurer la possession provisoire de la chose hypothéquée, sans rien préjuger sur le fond du droit, j'exercerai l'interdit salvien. Je n'aurai à prouver qu'une chose : que j'ai la possession du droit de gage, c'est-à-dire : 1° ma qualité de créancier; 2° le fait de constitution de l'hypothéque. Je n'aurai pas à prouver le fond du droit, c'est-à-dire le droit du constituant, les deux preuves précédentes suffiront pour me faire mettre en possession de la chose que je réclame. En revanche, le fond du droit restera intact, de sorte que le défendeur, contre lequel j'aurai réussi avec l'interdit salvien, pourra très-bien agir au fond contre moi, par exemple établir son droit de propriété sur la chose et la revendiquer.

Ainsi, l'utilité de l'interdit salvien est de dispenser le demandeur de la preuve souvent difficile du droit du constituant. En revanche il ne lui donne pas une sécurité aussi grande que l'action, mais du moins il le met en en possession, et le constitue défendeur relativement aux actions que l'on dirigerait contre lui à raison de la chose hypothéquée.

J'ai suivi dans l'exposé de la question qui précède l'opinion de Cujas (observ. liv. 5. chap. 23. et suiv. Paul. liv. 5. T. 6. de interdictis.) Cette opinion a été suivie par la plupart des Romanistes modernes.

79. Nous avons indiqué en commençant cette discussion les motifs qui nous ont déterminé à rejeter l'opinion de Mr de Savigny, opinion d'après laquelle l'interdit

salvien n'aurait été qu'un acheminement à l'action servienne. D'autres auteurs ont pensé que cet interdit aurait
été une sorte de compensation accordée au bailleur, qui
pendant longtemps avait eu seul le privilége d'acquérir
une sûreté réelle *nudo pacto* : compensation qui lui aurait
été donnée alors qu'on eût accordé à tous les créanciers
en général le droit dont il avait eu pendant longtemps
le monopole.

80. Nous avons vu, dans le chapitre précédent, comment l'action servienne *de rebus coloni,* avait été étendue
à toutes les créances, et avait ainsi formé l'action quasi-
servienne. En a-t-il été de même de l'interdit salvien? y
a-t-il eu un interdit quasi salvien qui aurait été à l'interdit salvien ce que l'action quasi-servienne a été à l'action
servienne? En d'autres termes y a-t-il eu, en dehors des
relations de propriétaire à fermier un interdit spécial
donné au créancier hypothécaire pour se mettre en possession de la chose hypothéquée?

Cujas a admis l'affirmative, sans même avoir l'air de
soupçonner qu'il pût y avoir quelque difficulté. Il suivait
du reste en cela la doctrine des Glossateurs, qui était
la doctrine générale de l'époque.

Toutefois, malgré ces autorités, l'existence d'un interdit quasi-salvien, a été fortement mise en doute par
les auteurs modernes. Quant à nous, nous croyons devoir nous ranger à ce dernier avis, et nous pensons
qu'il n'a jamais existé en droit Romain d'interdit quasi-
salvien.

Remarquons tout d'abord que s'il avait existé, il aurait, à cause de la multitude de ses applications, relégué

bien au second plan l'interdit salvien, d'une application si restreinte, et aurait joué vis à vis de lui, le rôle de l'action quasi-servienne vis-à-vis de son aînée, l'action servienne proprement dite. Par conséquent, pour un texte qui parlerait de l'interdit salvien, nous devrions en trouver dix qui parleraient du quasi salvien. Or, nous ne trouvons dans aucun texte, ni au digeste, ni au code, aucune mention quelconque d'un interdit quasi salvien, tandis que nous avons au contraire au digeste un titre intitulé *de salviano interdicto* (XLIII. 23.) et au code un autre titre intitulé *de precario et de salviano interdicto. (*VIII. 9.) Nous devons conclure de ce silence absolu des textes, sur un interdit qui eût été d'une si fré_ quente application, que cet interdit n'a jamais existé.

Toutefois nous trouvons dans la loi I. pr. *de salviano interdicto*, un interdit qualifié de *utile interdictum*, ce qui au premier abord pourrait faire croire qu'il s'agit d'un *quasi salvianum,* si l'on rapproche cette dénomination de celle de *utilis serviana* donnée à l'action quasi servienne; mais cette interprétation serait erronée, car dans l'espèce de la loi citée il s'agit de choses du fer_ mier hypothéquées au propriétaire c'est-à-dire d'une matière rentrant sous l'application de l'action servienne et de l'interdit salvien. Seulement le jurisconsulte a ajouté à l'interdit l'épithète d'*utile* parcequ'il y avait dans l'espèce cette circonstance, que la chose qu'il s'agissait de réclamer, était non pas la chose engagée elle même, mais un produit de cette chose, lequel produit était né chez le détenteur. Or l'interdit salvien ne s'appliquant textuellement qu'aux choses spécialement hypothéquées, ne pouvait être donné dans l'espèce que par extension et *utilitatis causâ;* c'est pourquoi il est qualifié de *utile interdictum.*

81. L'interdit salvien n'est pas la seule voie possessoire ouverte au créancier hypothécaire. Il peut exercer également les interdits de droit commun donnés *retinendæ ou recuperandæ possessionis causa.* Seulement on suppose ou un créancier gagiste nanti, ou un créancier hypothécaire qui s'est déjà mis, ou qui a été mis en possession. Le principe est indiqué par la loi 16. D. *de usurp. et usucap.* en ces termes : *qui pignori dedit, ad usucapionem tantum possidet, quod ad reliquas omnes causas pertinet,* (et par conséquent quant aux interdits) *qui accepit possidet.* (V. Cujas ad. Africanun traité VII).

82. Nous ne faisons qu'indiquer ici le principe, et comme les interdits ordinaires sont régis, en tant qu'ils sont donnés au créancier gagiste par les règles de droit commun, nous nous bornons à y renvoyer sans insister davantage. Notons seulement que ces interdits appartiennent au créancier gagiste, même à l'égard du débiteur propriétaire de l'objet engagé (Loi 6. § 3. de precario).

CHAPITRE IV

DE L'EXERCICE DU DROIT DE SUITE AU POINT DE VUE DU DÉTENTEUR

De la position du détenteur soumis au droit de suite. — Des moyens par lesquels il peut repousser le créancier gagiste. — De l'exception résultant d'une hypothèque antérieure. — Du jus offerendæ pecuniæ. — De l'exception pour raison d'impenses. — Des bénéfices de discussion. — Du beneficium excussionis personale. — Du beneficium excussionis reale. — Du bénéfice de cession d'actions.

83. Nous connaissons en grande partie déjà la position du détenteur soumis à la poursuite hypothécaire. Nous avons vu qu'il doit ou payer la dette, ou délaisser la chose hypothéquée *arbitrio judicis :* et que, s'il n'exécute pas cet *arbitratus*, il peut être condamné à une somme supérieure au montant de la dette hypothécaire.

Nous n'avons donc pas à revenir sur tous ces points : nous allons maintenant examiner cette question : Le détenteur d'une chose hypothéquée n'a-t-il aucun moyen de se garantir contre la poursuite hypothécaire?

84. Dans notre droit français il est possible au déten-teur, au moyen de certaines formalités organisées par

le législateur, de se mettre à l'abri ; de libérer la chose
du droit hypothécaire dont elle est grevée; mais cela
n'existe pas en droit Romain, et à la question que nous
nous sommes posée, il faut répondre en principe, non.

85. A Rome et c'est là le plus grand vice du régime
hypothécaire Romain, tout est occulte dans l'hypothèque; en vertu d'un simple pacte, elle existe comme
droit réel, et grève un objet, sans qu'il y ait possibilité
pour celui qui devient acquéreur de cet objet à un
titre quelconque, de s'assurer s'il est ou non grevé
d'hypothèque, ni de se mettre à l'abri d'une poursuite
hypothécaire qu'il peut avoir à craindre.

86. Toutefois, sans jamais arriver à l'état de sécurité
où l'a mise le droit français, la position du détenteur en
droit Romain s'est successivement améliorée. On lui a
donné différents moyens, soit pour repousser dans certains cas d'une manière absolue la poursuite hypothécaire, soit pour la rendre moins gênante et moins
onéreuse.

Parmi ces moyens, quelques-uns existent déjà dans
'ancien droit; mais c'est surtout Justinien qui a amélioré
la position du détenteur, par les différents bénéfices de
discussion et de cession d'actions qu'il lui a accordés
dans le code et dans les novelles.

Ancien droit

87. *1° Exception résultant d'un droit de gage antérieur.* — Le détenteur de la chose hypothéquée peut être
lui-même un créancier gagiste à qui cette chose a été

spécialement engagée. Supposons qu'il est poursuivi au moyen de l'action quasi servienne par un autre créancier à qui cette chose a été également hypothéquée. Si l'hypothèque du détenteur est postérieure à celle du demandeur, c'est ce dernier qui l'emportera, et alors l'action quasi servienne s'exercera contre le détenteur absolument comme s'il n'était pas créancier. La seule différence en sa faveur, c'est que le demandeur sera tenu d'établir, non-seulement l'existence, mais encore l'antériorité de son droit. (Loi 12, princip. qui potiores).

Que, si au contraire, le détenteur est précisément antérieur en hypothèque au demandeur, il le repoussera au moyen d'une exception ainsi conçue: *si non mihi ante pignoris hypotheca - re nomine sit res obligata.* (Loi 12, cit. qui potiores).

88. A l'occasion de cette exception, nous avons à noter une hypothèse rapportée par Ulpien, dans son livre 73 sur l'Edit. Le débiteur a hypothéqué sa chose à deux créanciers, *utrique in solidum.* Chacun d'eux pourra exercer l'action hypothécaire pour le tout contre les tiers détenteurs, mais si la question s'élève entre les deux créanciers on donnera gain de cause à celui qui sera en possession, en lui permettant d'opposer à l'autre une exception ainsi conçue : *Si non convenit ut eadem res mihi quoque pignori esset.* La solution serait différente ajoute Ulpien, si la chose avait été hypothéquée *pro partibus.* Dans ce cas chaque créancier pourrait exercer l'action servienne jusqu'à concurrence de sa part, soit contre un tiers détenteur, soit contre l'autre créancier. (Loi 10 de pign. et hyp. Dig.).

89. A ce que nous venons de dire se rattache un autre bénéfice accordé au créancier gagiste, détenteur de la chose hypothéquée, et poursuivi hypothécairement par un créancier antérieur. C'est ce qu'on appelle le *jus offerendæ pecuniæ*. Seulement, comme ce *jus offerendæ pecuniæ*, (qui est disons-le en passant, l'origine du 1° des art. 1250 et 1251 C. N.) ne suppose pas nécessairement une poursuite hypothécaire, et peut être exercé par le créancier postérieur, alors même qu'il n'est point détenteur de la chose hypothéquée, nous ne donnerons pas ici de plus amples détails; notons seulement, au point de vue du droit de suite, que le *jus offerendæ pecuniæ* donne un moyen au créancier postérieur, d'exercer la poursuite hypothécaire même contre un créancier antérieur lorsqu'il l'a préalablement désintéressé; quant à l'intérêt qu'il peut avoir à exercer ce droit, et à désintéresser le créancier antérieur pour se mettre à sa place, et revendiquer contre lui la possession de la chose hypothéquée il suffit, pour le comprendre, de supposer que ce créancier antérieur détériore la chose ou se dispose à la vendre dans de mauvaises conditions, et de manière à ce que le prix en provenant ne puisse suffire à couvrir le créancier postérieur. Notons que ce droit ne peut plus être exercé dès que le *pignus* a été vendu par le premier créancier. (Loi 5, de distract. pign.)

Les principes que nous venons de poser nous fournissent la solution d'une question intéressante surtout au point de vue de la pratique : quelle est la situation du tiers-détenteur qui a acheté du débiteur la chose hypothéquée, en convenant que le prix servirait à désintéresser les premiers créanciers hypothécaires, lorsque ce tiers-détenteur est ensuite poursuivi par un créancier hypothécaire postérieur non payé?

Dans cette hypothèse le droit Romain semble admettre, par exception, une sorte de subrogation légale au profit de l'acheteur dans les droits des créanciers qu'il a désintéressés, et lui permet de repousser les créanciers postérieurs, comme auraient pu le faire les créanciers antérieurs qui ont été payés par lui. Mais, de même que le créancier antérieur pourrait être forcé de subir le *jus offerendi*, de même l'acheteur pourra être forcé au déguerpissement si le créancier postérieur offre de lui rembourser *quod ad alium creditorem de nummis ejus pervenit et usuras medii temporis.* (Papinien. Loi. 3. § 1. D. *de distract. pign.* —V. aussi Loi 3. C. de his qui in priorum. — et le com. d'Hotman sur cette loi).

90. 2° *Exception pour raison d'impenses.* — Le tiers détenteur de bonne foi a le droit d'exiger le remboursement des impenses par lui faites sur ou à raison de la chose hypothéquée, et ne peut être tenu d'abandonner la possession aux créanciers qu'autant qu'il est désintéressé de ce chef, dans la limite toutefois de la plus-value que ces impenses ont fait acquérir à la chose. « *Bona fide possessores non aliter cogendos creditoribus ædificium restituere, quam sumptus in extructione erogatos quatenus pretiosior res facta est, acciperent.* » (Loi 29 § 2. *de pign. et hyp.*)

Droit nouveau.

91. Justinien a introduit dans le système hypothécaire deux bénéfices en faveur du tiers-détenteur d'une chose hypothéquée : le bénéfice de discussion, et le bénéfice de cession d'actions.

I. — Bénéfice de Discussion.

92. Le bénéfice de discussion se présente à deux points de vue; aussi les commentateurs le divisent-ils en deux espèces, le *beneficium excussionis personale* et le *beneficium excussionis reale :* Inutile d'avertir que ces expressions ne sont pas des textes, c'est du latin forgé pour le besoin de démonstration.

93. 1° *Beneficium excussionis personale.* Dans le droit classique, le créancier qui a pour obligés : 1° Un débiteur direct, 2° un fidéjusseur, 3° un tiers détenteur d'une chose hypothéquée à sa créance, peut, à volonté, actionner celui des trois qu'il lui plait de choisir. Ce droit est encore le droit du code, et nous le trouvons dans un rescrit de Dioclétien et Maximien, qui forme la loi 14 C. de pign. et hyp. (8, 14.) et qui indique cette règle comme étant *manifesti juris* (V. aussi Loi 24. eod.) Mais ce droit plus conforme aux principes étroits qu'à l'intérêt social et à l'équité a été changé par Justinien dans une novelle.

94. Cette novelle est la novelle IV. Elle parait avoir été d'abord rédigée en grec: et c'est elle qui a fourni

l'authentique *Hoc si debitor*, qui figure à la suite de la
loi 24, (de pign. et hyp,) que nous venons de citer. Elle
est écrite de ce style verbeux et ampoulé qu'on retrouve
dans presque toutes les lois de Justinien : Elle contient
trois chapitres, outre une préface et un épilogue où
l'Empereur, suivant son habitude, s'adresse des félicita-
tions sur ce qu'il a fait. Le chapitre III est étranger à
notre matière, le chapitre 1er décide que le fidéjusseur ne
doit pas être poursuivi avant le débiteur principal. Enfin
le chapitre IV introduit et réglemente le bénéfice de discussion dont nous avons à nous occuper.

95. Le créancier qui a un débiteur et un fidéjusseur
et de plus une hypothèque sur des biens appartenant
soit au débiteur, ou au fidéjusseur, soit à un tiers qui les
a hypothéqués sans s'obliger personnellement à la dette,
ce créancier ne peut exercer son action hypothécaire
qu'après avoir épuisé ses actions personnelles. Ainsi il
doit poursuivre : 1° le débiteur; 2° le fidéjusseur, et
c'est alors seulement qu'il peut se saisir des biens hypothéqués entre les mains du tiers détenteur. Le créancier
a même pour l'exercice de son action hypothécaire un
certain ordre à observer: il doit poursuivre les biens
hypothéqués: 1° entre les mains du débiteur, 2° entre
les mains du fidéjusseur et 3° seulement entre les mains
du tiers détenteur.

96. Dans notre droit français, le tiers détenteur ne
peut opposer le bénéfice de discussion au créancier
hypothécaire qui le poursuit, que sous des conditions
assez nombreuses destinées : 1° à prouver au créancier
que la discussion du débiteur principal ne sera pas inu-

tile, et 2° à faciliter cette discussion. Justinien n'impose aucune condition au détenteur, seulement il se préoccupe de l'hypothèse spéciale ou le débiteur principal est absent et décide qu'alors le détenteur poursuivi ne pourra que demander au Juge un délai pour mettre en cause le débiteur personnel : le délai passé il sera forcé de payer, ou de délaisser sans pouvoir plus opposer le bénéfice de discussion.

97. Justinien nous dit dans la novelle que nous venons d'analyser en partie, que les dispositions qu'il consacre ne sont pas complètement du droit nouveau, et qu'elles se trouvaient déjà dans une ancienne loi tombée en désuétude. Il semble même indiquer Papinien comme en étant l'auteur. Ce serait alors probablement une disposition de droit prétorien, il est vrai qu'alors le mot *lex* ne lui conviendrait pas très-bien, mais on sait que ce n'est pas chez Justinien qu'il faut chercher une bien grande exactitude de langage. Peut-être encore cette disposition était elle du *jus civile* dérivant de l'interprétation des Prudents (Voir à ce sujet Cujas, Exposition des novelles. Liv. 8. chap. 16.)

98. *Du beneficium excussionis reale.* Un créancier a reçu pour sûreté de sa créance : 1° Une hypothèque générale sur tous les biens du constituant, 2° une hypothèque spéciale sur certains biens. Le créancier qui n'est pas payé à l'échéance, veut exercer son action hypothécaire : sur quels biens? Évidemment sur ceux qui lui ont été affectés généralement aussi bien que sur les autres, car il a sur tous un droit égal. Tel était le droit classique : mais ce droit a été changé d'assez bonne heure, car voici

la décision que nous trouvons relativement à notre hypothèse dans un rescrit de Sévère et Antonin qui forme la
loi 2 au code *de pign. et hyp.* (VIII. 14.) « Le créancier
« sera tenu de discuter d'abord les biens grevés de l'hypo-
« thèque spéciale, et ce n'est qu'en cas d'insuffisance de ces
« biens qu'il pourra s'en prendre aux biens qui ne sont
« frappés que d'une hypothèque générale »

Nous voyons dans le rescrit ci dessus, que cette décision est admise *utilitatis causa,* bien que contraire aux
principes rigoureux du droit. *« quamvis constet creditorem in omnibus æquale jus habere......... juridictio
tamen temperanda est.*

La même décision est reproduite dans un autre rescrit
de Dioclétien et Maximien (Loi 9 C. de distrac. pign.
VIII. 28.)

II — Bénéfice cedendarum actionum.

99. Le détenteur d'une chose hypothéquée, qui, pour
conserver cette chose, a payé la dette hypothécaire doit
avoir un recours contre le débiteur qu'il a libéré : il peut,
avoir suivant les cas l'action *negotiorum gestorum* ou
l'action *mandati,* ou bien s'il est un acquéreur à titre
onéreux, l'action que son contrat lui fournit en cas d'éviction, ou l'action *ex stipulatu,* quand l'eviction a été pré-
vue et réglée à l'avance par une stipulation.

En outre, il peut exiger, en désintéressant le créancier
que ce créancier lui cède les actions qu'il a contre le débiteur. Ces actions peuvent être plus efficaces que celles

qui appartiennent au détenteur, *proprio nomine ;* elles peuvent être en effet accompagnés d'une fidéjussion ou d'une hypothèque.

Mais peut-il exiger que le créancier poursuivant lui cède ces actions intactes, ou seulement qu'il les lui cède telles qu'il les a au moment où la poursuite est exercée ?

Nous pensons que la réponse à cette question varie suivant les époques, et que la cession que peut exiger le tiers détenteur, doit s'entendre depuis la novelle IV des actions *intactes*, tandis qu'auparavant elle devait s'entendre seulement des actions telles qu'elles se trouvaient dans les mains du créancier au moment de la poursuite.

101. Ce point nécessite quelques explications.

Nous disons qu'à partir de la Novelle IV le créancier a dû être obligé de céder au tiers détenteur ses actions non pas telles qu'il les a présentement, mais telles qu'il devrait les avoir : en d'autres termes qu'il est obligé de les lui céder, sans diminution ni altération, et cela par une conséquence nécessaire du bénéfice de discussion.

En effet, au moyen de ce bénéfice, le tiers détenteur renvoie le créancier hypothécaire à discuter le débiteur principal. Mais qu'arrivera-t-il, si par suite de la perte, ou de l'altération de ses actions, le créancier s'est mis dans l'impossibilité de faire cette discussion ? En d'autres termes qu'arrivera-t-il, si le créancier s'est mis par son fait dans l'impossibilité de se faire payer par le débiteur principal tout ou partie de sa créance ? par exemple s'il a fait avec lui le pacte : « *a te non petam ?* » pourra-t-il se retourner contre le tiers détenteur ? Mais alors le bénéfice de discussion accordé à celui-ci sera bien inutile puisqu'il pourra être paralysé par le fait du créancier, qui aura rendu d'avance cette discussion impossible. Or, il ne paraît pas possible d'admettre que le bénéfice accordé au tiers détenteur puisse être annihilé par la volonté du créancier : et nous pensons qu'il en résulte pour ce dernier l'obligation de conserver ses actions intactes, afin de pouvoir s'en servir pour discuter le débiteur principal, si le détenteur l'exige. Dès lors, une fois ses actions conservées, quelle bonne raison pourrait-il invoquer pour refuser de les céder au tiers détenteur qui le paie ?

Tels sont les motifs qui nous portent à croire que la novelle IV en introduisant au profit du tiers détenteur le bénéfice de discussion, a introduit par là même et virtuellement à son profit le bénéfice de cession d'action.

102. Ainsi nous pensons qu'après la Novelle IV, le créancier a du conserver ses actions intactes pour les céder au tiers détenteur. Avant Justinien, le bénéfice de discussion n'existant point, nous pensons que le créancier n'avait pas à les conserver intactes; mais il devait au moins les céder telles quelles au tiers détenteur qui en exigeait la cession. Ainsi Scævola dans la loi 19 D. *qui potiores*, dit en parlant d'un tiers détenteur poursuivi par l'action hypothécaire : *quæro an, si justus possessor offerat, compellendus sit (creditor) jus nominis cedere : respondi posse videri non injustum postulare.*

103. Remarquons qu'il en a été de même pour le fidéjusseur auquel dans le principe le créancier n'était obligé de céder ses actions que telles qu'elles étaient au moment de la cession. Mais le bénéfice de discussion introduit par la Novelle IV, a, comme nous l'avons vu plus

haut, obligé le créancier à conserver ses actions intactes, pour les céder ainsi, soit au fidéjusseur, soit au tiers détenteur de la chose hypothéquée.

CHAPITRE V

104. La cause la plus générale de l'extinction du droit
de suite, c'est l'extinction du droit de gage en lui-même.
Il n'entre pas dans le cadre de cette étude d'examiner les
causes qui peuvent amener l'extinction de l'hypothèque
en elle-même, nous nous bornerons à renvoyer sur ce
point à l'énumération qui en est faite dans l'ouvrage
allemand de Schilling : [Du droit de gage et d'hypothèque, traduit par M. Pellat, au § 223.

105. Dans notre droit français, il est des cas où le droit
de suite s'éteint seul, en laissant subsister après lui le
droit de préférence : c'est ce qui se présente notamment
en cas de purge. Dans le droit romain, les deux parties
intégrantes du gage ou de l'hypothèque, le droit de suite
et le droit de préférence sont plus étroitement unies et
se séparent moins facilement. C'est ainsi que la loi 27
p. D. de nox act. (IX. 4.) semble dire que le droit de suite
une fois disparu, le gage ou l'hypothèque est éteint: *nul-
lum enim pignus est*, dit Gaïus dans cette loi, *cujus persecutio negatur*. Recherchons cependant s'il n'existe pas en
droit romain comme chez nous des cas où le droit de

suite puisse disparaître seul, sans entraîner en même temps la disparition du droit de préférence.

106. I. — Une chose est hypothéquée à plusieurs créanciers. Le premier en date la vend à un tiers et prend le produit de la vente, produit que nous supposons être supérieur au montant de sa créance. Par là-même deux effets se produisent : Les créanciers postérieurs on perdu leur droit de suite, car ils n'ont plus aucune action contre l'acheteur « *creditor...., ab omni possessore eam (hypothecam) auferre poterit, præter priorem creditorem et qui ab eo emit (L. 12 § 7 qui potiores)*. Mais si le droit de suite a disparu, le droit de préférence est conservé et les créanciers postérieurs sont payés sur ce qui reste du prix de vente après le payement du premier créancier, conformément à leur rang d'hypothèque (L, 12 § 5 qui potiores.)

Ainsi, premier cas d'extinction, spécial au droit de suite : aliénation régulièrement consentie par le créancier hypothécaire qui est au premier rang.

107. II. — Le créancier peut consentir à ce que le débiteur aliène la chose hypothéquée tout en se réservant son rang de préférence sur le prix de cette chose. Dans ce cas encore il y a pour lui perte du droit de suite, et conservation du droit de préférence. (Loi 7 p. *quib. mod. pign. vel hyp solv.)*

108. III. — Depuis la novelle IV, le créancier qui n'a pas conservé ses actions intactes pour les céder au détenteur peut-être repoussé, c'est du moins notre opinion, au moyen du bénéfice *cedendarum actionum*, suite nécessaire du bénéfice du discussion. Ainsi son droit de suite se

trouve éteint. Mais d'un autre côté si la chose hypothéquée vient à être saisie et vendue par un autre créancier
hypothécaire, le créancier qui avait perdu son droit, de
suite pourra très-bien exercer son droit de préférence
et se faire payer à son rang.

Notons ici une différence entre l'hypothèse actuelle et
celle du numéro précédent, différence qui n'est guère que
dans la forme, et non dans le fond des choses. Quand le
créancier a consenti à l'aliénation, son droit de suite
est éteint *ipso jure* : car l'hypothèque est constituée par
un simple pacte et *pactum, contrario pacto, ipso jure tol-
litur*. Au contraire, quand le droit de suite du créancier,
se trouve paralysé par l'exercice du bénéfice *cedendarum
actionum*, le détenteur a besoin d'une exception pour se
défendre, le droit de suite n'est éteint que *exceptionis ope*.
Cette distinction n'a plus grande importance sous Justinien et ne sert qu'à déterminer si le moyen de défense
en question doit être ou non opposé *in limine litis*.

100. IV. — Enfin la *præscriptio longi temporis* est aussi
un mode spécial d'extinction du droit de suite.

Nous disons : la *prescription* et non pas l'*usucapion*. En
effet, au moyen de l'usucapion on acquiert la chose usucapée *cum suâ causâ*, exactement comme elle était entre
les mains du propriétaire contre lequel l'usucapion s'est
accomplie. Ainsi, si cette chose est grevée de droits réels
servitudes ou hypothèques, ces droits réels continuent de
la grever entre les mains du nouveau propriétaire. En
revanche l'usucapion donne à celui qui peut l'invoquer
une propriété véritable, engendrant à son profit la

5

revendication, et toutes les actions qui servent à protéger la propriété.

Au contraire, la *præscriptio longi temporis* ne donne pas à proprement parler la propriété. Ce n'est qu'un moyen de défense donné au possesseur, et s'il vient à perdre la possession, il n'aura pas pour la conserver les actions dont nous parlions tout à l'heure. Toutefois, en allant au fond des choses, nous voyons disparaître à peu près cette inégalité apparente. Celui qui a prescrit ne peut pas revendiquer, comme celui qui a usucapé, mais il peut au moyen des interdits possessoires se faire remettre en possession, et une fois en possession opposer à toute personne qui voudrait l'inquiéter la *prescriptio longi temporis.*

Remarquons en outre que la prescription exige les mêmes conditions de fond que l'*usucapio* : savoir la *justa causa* et la *bona fides* que de plus elle exige un laps de temps plus considérable, d'où il résulte que celui qui peut dire j'ai *prescrit*, peut dire aussi j'ai *usucapé*. Or, comme avec l'usucapion il devient plein propriétaire, quel intérêt peut-il avoir à invoquer la prescription qui semble ne lui donner au premier abord que des droits moins considérables? Cet intérêt nous le trouvons précisément dans notre matière.

110. Nous avons dit qu'au moyen de l'usucapion on acquiert la chose usucapée *cum suâ causâ*, avec tous les droits qui la grèvent et notamment les hypothèques: au contraire celui qui peut invoquer la *præscriptio longi temporis* peut l'opposer aussi bien au créancier hypothécaire exerçant l'action quasi servienne, qu'au propriétaire exerçant la revendication (Loi 12 D. *de diters temporalib præscr. 44. T. 3. Loi 19.C. de evictionibus. VIII. 45.*

111. Remarquons seulement que la *præscriptio longi temporis* ne peut être opposée par le débiteur lui-même qui détient la chose hypothéquée, car le débiteur ne peut pas invoquer la *bona fides,* condition indispensable pour la prescription.

112. Enfin, mentionnons pour mémoire un mode d'extinction du droit de suite assez singulier, et qui n'est qu'une anomalie introduite par Justinien: le fait de la vente par le fisc, l'empereur ou l'impératrice de l'objet hypothéqué : l'acquéreur ne peut plus être inquiété par le créancier hypothécaire, (*Inst. §14 de usucap. Liv. 11 T', 6.)* lequel n'a plus qu'une action en indemnité contre le fisc.

FIN DE LA PREMIÈRE PARTIE

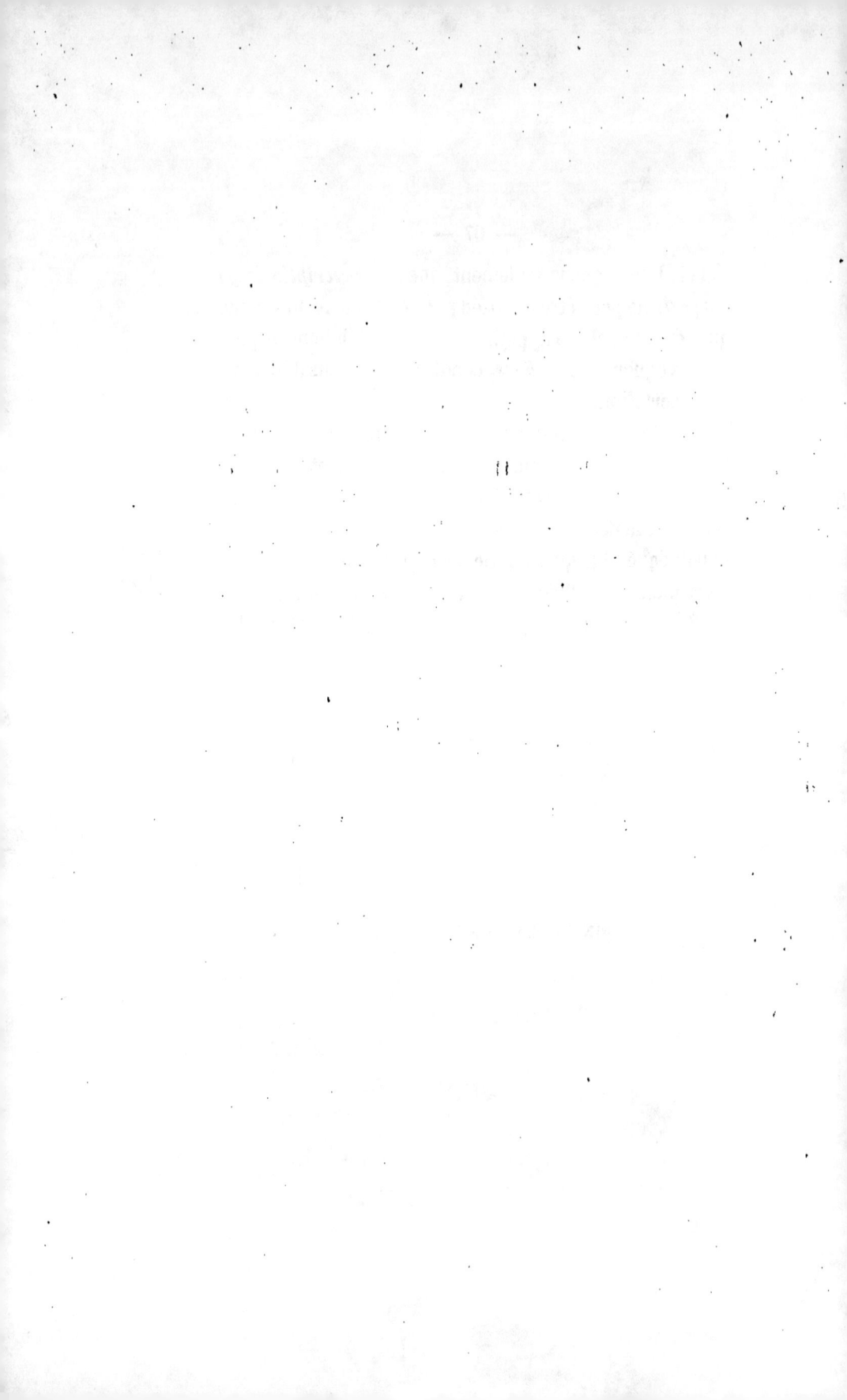

DEUXIÈME PARTIE

DU DROIT DE SUITE

DANS NOTRE ANCIENNE JURISPRUDENCE

113. Nous ne donnerons dans cette deuxième partie de notre travail que des aperçus d'ensemble : nous ne ferons que dessiner les grandes lignes, et indiquer la marche générale du droit, sans entrer dans les détails que nous retrouverons, du reste, dans notre troisième partie.

114. Comme nous ne connaissons guère la Gaule que depuis la conquête Romaine, nous ne parlerons point du droit Celtique sur lequel nous ne possédons que des conjectures. Nous n'avons pas à nous occuper non plus de la période pendant laquelle notre pays a vécu sur la domination Romaine, puisque son droit sous cette période est le droit Romain tel que nous l'avons exposé déjà. Nous prendrons la Gaule au moment où elle échappe aux mains débiles des empereurs d'Occident, au moment où le grand mouvement des Barbares

commence à l'atteindre, et où ses mœurs et ses institutions reçoivent un élément nouveau destiné à les
transformer.

115. Trois grandes fractions du monde barbare occu-
pèrent la Gaule : au nord-est, les Francs, à l'est les Burgondes, au centre et au midi les Wisigoths. Ces derniers
différaient considérablement des deux autres: les Burgondes et les Francs arrivaient dans toute leur barbarie
native, ils apportaient avec eux l'élément Germanique
pur et vivace : leurs mœurs et leur caractère différaient
profondément de ceux des populations chez lesquelles ils
s'établissaient en maîtres. Sidoine Apollinaire les dépeint
comme des espèces de sauvages « *Bestialium rigidarum-*
que nationum corda cornea, et fibræ glaciales.» (Épître
IV. N°1.) Eux-mêmes, dans le préambule de la loi Salique,
s'appellent : *truces, feroces, asperi.* Les Wisigoths au
contraire, étaient depuis longtemps en relations avec la
civilisation Romaine; tantôt les ennemis des Romains,
tantôt leurs hôtes et leurs alliés, ils avaient pris quelque
chose de leurs habitudes; leur caractère adouci par le
contact d'une civilisation avancée avait perdu la rudesse
originaire des peuples barbares : Aussi quand ils s'éta-
blirent dans les Gaules, se trouvèrent-ils plus en harmonie que leurs voisins, avec les populations vaincues.

116. C'est dans les pays soumis à la domination des
Wisigoths, que semble avoir pris naissance le principe
de la personnalité des lois : principe qui toutefois s'éten-
dit presque immédiatement dans toutes les Gaules, dans
les pays occupés par les Francs, comme dans ceux
occupés par les Burgondes. Partout les vainqueurs

laissèrent aux vaincus l'usage de leur droit : ce droit, dans les Gaules, était comme nous l'avons dit, le droit Romain.

117. A quelles sources puisait-on ce droit ? Ce n'était pas dans les compilations justiniennes qui n'existaient pas encore et qui, du reste, ne pénétrèrent en France, comme nous le verrons bientôt, que vers la fin du 10° siècle. On suivait les doctrines des jurisconsultes classiques combinées avec les constitutions impériales. Ces constitutions avaient fait l'objet de deux compilations les Codes Grégorien et Hermogénien. Plus tard en arriva une troisième beaucoup plus complète, le code Théodosien.

118. Ces divers éléments furent réunis en un ensemble de lois par les princes des Wisigoths et des Burgondes, pour servir à leurs sujets Gallo-Romains : C'est ainsi que furent rédigés *le Bréviaire d'Alaric* pour les sujets des Wisigoths, et le *Papien* pour les sujets des Burgondes.

Dans ces deux compilations, sur lesquelles les limites de cette étude nous empêchent d'insister davantage, nous trouvons le droit Romain, tel qu'il était avant la réforme justinienne, mais exposé souvent avec des textes tronqués ou défigurés. Toutefois nous pouvons dire qu'à cette époque le droit des Gallo-Romains était à peu près le même dans toute la Gaule.

110. Cette unité ne dura pas longtemps. Le principe de la personnalité des lois, possible à la rigueur, tant qu'il y eut en présence deux races bien tranchées, devint de plus en plus impossible à mesure que ces races se fusionnèrent. La fusion des races amena celle des législations : Le droit Romain et le droit Barbare se combinèrent. Toutefois le mélange ne se fit point partout

dans les mêmes proportions. Au nord et à l'est, chez les Francs et chez les Burgondes, l'élément Germanique était énergique et vivace ; il absorba, étouffa presque l'élément Romain. Dans le midi au contraire, chez les Wisigoths déjà à moitié Romains, ce fut ce dernier élément qui étouffa l'élément Germanique. Aussi quand les lois de personnelles qu'elles étaient furent devenues territoriales, il se trouva en France deux législations différentes : celle du midi, presqu'entièrement Romaine, celle du nord presqu'entièrement Germanique. Telle fut l'origine de la division de la France en pays de droit écrit et pays de coutume.

120. Au 10e siècle surgit un événement qui produisit des résultats bien plus considérables qu'on n'aurait pu l'attendre : Ce fut la renaissance du droit Romain. Cette renaissance eut lieu en Italie : une école célèbre, celle de Bologne, reprit avec un succès des plus brillants l'étude depuis longtemps oubliée des ouvrages de Justinien : Les lumières de cette école se propagèrent avec rapidité : En France, en Angleterre, on les accueillit avec enthousiasme, surtout dans la France méridionale toute imprégnée encore de droit Romain. Au reste dans toute la France l'effet produit par cette renaissance fut le même : les textes de Justinien furent dès lors l'unique source où le droit Romain fut puisé, à l'exclusion des anciens recueils qui tombèrent aussitôt dans l'oubli ; si bien qu'il fut quelques siècles plus tard très-difficile aux jurisconsultes de les retrouver.

121. L'influence de cette révolution se fit nécessairement sentir relativement au système hypothécaire et eut

pour effet d'introduire dans la législation les modifications émanées de Justnien, modifications que nous avons déjà étudiées dans notre première partie.

122. Au reste, nous devons noter une particularité assez remarquable, c'est que malgré la division de la France en pays de droit écrit et pays de coutume, ce fut le systèmehaypyhécaire Romain qut fut adopté presque partout.

Toutefois on lui fit subir quelques modifications dont voici les deux les plus importantes: 1° l'hypothèque fut restreinte aux immeubles. 2° Il ne suffit plus, comme dans le droit Romain, d'un simple pacte pour faire naître l'hypothèque: il fallut un acte notarié ou une sentence. De plus, tout acte notarié, et toute sentence emporta virtuellement hypothèque générale sur les biens du débiteur. (Pothier. Hyp. ch. 1ʳ section 1ʳᵉ art. 1ᵉʳ § 1. et section 2. § 1.

123. Ce système, comme nous l'avons vu déjà, avait des inconvénients sérieux, dont le plus grave était sans contredit le défaut de publicité de l'hypothèque. Avec l'hypothèque occulte, impossibilité pour un acheteur d'acquérir, impossibilité pour un bailleur de fonds de prêter avec sécurité. Toutefois, comme pendant tout le moyen âge, et pendant les premières périodes de l'époque moderne, les grandes questions sociales et les agitations politiques détournaient forcément les esprits de l'amélioration du droit privé, on suivit sans la contrôler une législation qu'on avait trouvée toute faite et qui avait pour elle l'autorité, alors indiscutée des jurisconsultes Romains. Cependant quelques pays coutumiers du nord-est de la France appelés de nantissement avaient adopté

un système hypothécaire tout différent du système Romain et fondé sur la publicité des hypothèques et des transmissions de propriété. Les unes et les autres dans ces coutumes n'avaient d'existence vis à vis des tiers qu'autant qu'elles avaient été rendues publiques, d'abord au moyen de formalités se rattachant aux institutions féodales, puis au moyen d'une inscription faite avec permission du Juge sur un registre public tenu à cet effet.

124. Sous Louis XIV, quand l'ordre intérieur eut été rétabli, et que l'on commença à s'occuper plus sérieusement d'améliorer la législation, le système hypothécaire fut un des premiers points sur lesquels se porta l'attention. Les inconvénients de l'hypothèque occulte avaient vivement frappé l'esprit aussi large que pratique du grand Colbert : Il proposa et fit signer à Louis XIV, en mars 1673, un édit destiné à rendre les hypothèques publiques : cet édit est resté célèbre, et l'on peut dire avec les historiens qu'il est une des grandes pages de l'histoire du droit français : aussi, bien que son existence ait été éphémère, puisqu'il fut révoqué un an après (avril 1674,) nous devons cependant donner un aperçu général de ses dispositions, car nous y trouvons en germe plusieurs des points essentiels de notre régime hypothécaire actuel.

125. L'édit de 1673 est intitulé : ÉDIT PORTANT ÉTABLISSEMENT DE GREFFES, POUR L'ENREGISTREMENT DES OPPOSITIONS DES CRÉANCIERS HYPOTHÉCAIRES.

126. Le préambule mérite d'être cité *in extenso*.

« Louis, etc..... L'amour paternel que nous avons pour
« nos sujets, nous obligeant de pourvoir à leurs intérêts

« particuliers et l'application que nous y avons apportée
« nous ayant fait connaître que la conservation de leurs
« fortunes dépend principalement d'établir la sûreté
« dans les hypothèques et d'empêcher que les biens d'un
« débiteur solvable ne soient consumés en frais de justice,
« faute de pouvoir faire paroître sa solvabilité; nous n'a-
« vons pas trouvé de meilleur moyen que de rendre
« publiques toutes les hypothèques et de perfectionner
« par une disposition universelle ce que quelques coutu-
« mes de notre royaume avaient essayé de faire par la
« voie des saisines et du nantissement. C'est pourquoi
« nous avons résolu d'établir des greffes d'enregistre-
« ment dans lesquels ceux qui auront des hypothèques
« pourront former et faire enregistrer leurs oppositions,
« et ce faisant, seront préférés à ceux qui auront négligé
« de le faire; et par ce moyen on pourra prêter avec
« sécurité, et acquérir sans crainte d'être évincé : les
« créanciers seront certains de la fortune de leur débi-
« teur, et ne seront ni dans la crainte de les voir périr,
« ni dans l'inquiétude d'y veiller, et les acquéreurs seront
« assurés de n'être plus troublés dans leur possession
« par des charges ou hypothèques antérieures. »

127. L'Edit de 1673, établissait dans les principaux
baillages et sénéchaussées de chaque province, des Greffes
d'enregistrement correspondant à ce que nous appelons
aujourd'hui « conservation des hypothèques » (art 1).
Dans ces greffes étaient tenus des registres publics (art.
3, 11 et 10.) Le créancier opposant devait s'y faire inscrire, et les mentions qui devaient accompagner l'inscription étaient à très-peu de chose près les mêmes que celles

qui sont exigées aujourd'hui. (Comp. art 13, 14, 15. de l'Edit avec art. 2148 C. N.) Une forte amende (art 18), était édictée contre ceux qui n'ayant point de titres valables auraient formé ou enregistré des oppositions,

128. Toutefois il y avait au point de vue de la publicité des hypothèques, une lacune considérable dans l'Edit: l'opposition faite par un créancier avait un effet rétroctif : si elle était prise dans les quatre mois de l'acte ou de la sentence d'où elle résultait, i'hypothèque remontait au jour même de cet acte, ou de cette sentence: Il en résultait cet inconvénient grave que celui qui veut acquérir un immeuble, ou prêter de l'argent sur hypothèque peut bien savoir s'il existe actuellement des oppositions : mais qu'il lui est impossible de savoir si dans les quatre mois qui vont suivre, il n'en sera pas enregistré quelqu'une qui passera avant lui. (art. 23, 24, 25.) L'art. 26 essaie de remédier à cet inconvénient, en déclarant stellionnaires ceux qui en aliénant des immeubles, ou en empruntant sur hypothèque, ne déclarent point les contrats ou sentences intervenus dans les quatre mois précédents et d'où pourrait résulter contre eux une hypothèque. Ce n'était là évidemment qu'un palliatif des plus insuffisants, mais en présence d'un progrès aussi grand que celui réalisé par l'ordonnance, on ne peut pas être sévère pour quelques imperfections de détail.

129. L'obligation de former opposition ne s'appliquait pas:

1° Aux créances n'excédant pas deux cents livres ou dix livres de rente. On avait pensé que ces créances étant peu considérables et ne pouvant nuire au tiers que dans une mesure fort restreinte, il était inutiles de les soumettre à des formalités coûteuses. (art 22).

2° A l'hypothèque du fisc sur les biens des comptables. (art. 56.)

3° A celle des mineurs sur les biens de leurs tuteurs (art. 57.)

4° A celle des femmes sur les biens de leurs maris. (art. 60. 61.)

130. En ce qui concerne ces deux dernières classes d'hypothèques, l'Edit de 1673 avait une disposition essentiellement sage, qui, oubliée dans le code Napoléon a reparu dans la loi de 1855. Il est équitable sans doute de dispenser de toutes les formalités les hypothèques des femmes et des mineurs, à cause de l'état d'incapacité où ils se trouvent : mais cette protection spéciale doit être restreinte aux personnes incapables, et au temps de l'incapacité : C'est ce qu'on a très-bien compris dans l'Edit. En ce qui touche les mineurs l'art. 58 dispose :

« qu'ils seront tenus dans l'an après leur majorité de
« former leurs oppositions sur les biens de leurs tuteurs
« protuteurs ou curaturs comptables, et de les faire
« enregistrer en la manière ci-dessus, auquel cas il seront
« conservés dans leurs hypothèques du jour de l'acte de
« leur tutelle et si leur opposition n'est enregistrée qu'a-
« près l'année de leur majorité, elle n'aura effet que du
« jour de l'enregistrement. »

Quant à l'hypothèque des femmes, l'Edit contenait une disposition analogue ; il ordonnait à la veuve de former opposition dans l'année du décès de son mari, faute de quoi son hypothèque ne prenait rang que du jour de l'opposition (art. 64.)

131. Comme on le voit, l'Edit de 1673 est la source où ont été puisées les dispositions de l'art. 8 de la loi du 23 mars 1855 : Comme dernier trait de ressemblance, citons l'art. 62 de l'Edit, qui oblige les créanciers subrogés à l'hypothèque tacite de la femme à former opposition sur les biens du mari, dans les quatre mois du jour où la subrogation leur a été consentie, disposition qui, de même que l'art. 9 de la loi de 1855, restreint aux personnes incapables, la protection accordée à l'incapacité.

132. Toutefois nous trouvons dans l'Edit de 1673 une disposition relative à l'hypothèque de la femme qui n'a n'a pas été reproduite par le législateur de 1855 : L'art. 63 de l'Edit assujettissait la femme séparée de biens à former son opposition dans les quatre mois du jugement de séparation sous peine de ne prendre rang qu'à la date de cette opposition.

Je regrette que cette disposition n'ai point passé dans la loi de 1855. La femme séparée est à même de veiller à ses intérêts et la séparation même prouve qu'elle y veille très-bien : on devait donc la traiter au moins aussi rigoureusement que la veuve d'autant plus que la femme qui a trouvé assez de latitude et de liberté pour demander sa séparation de biens, en trouvera certainement assez pour prendre inscription.

133. Telles étaient les dispositions les plus saillantes de l'Edit de 1673. Cet édit est une magnifique page de législation : les idées qu'il renferme sont justes et pratiques,

et ce qui le prouve c'est que presque toutes ses dispositions ont été mises en vigueur dans notre système hypothécaire ; et que pour plusieurs d'entre elles qui avaient
été laissées de côté par le code Napoléon, on a été obligé
d'y revenir lors de la loi du 23 mars 1855.

134. Malheureusement pour lui l'édit de 1373, s'il
arrivait à donner du crédit aux personnes réellement
solvables, arrivait en revanche à découvrir la situation obérée de beaucoup d'autres ; et comme beaucoup de personnes puissantes se trouvaient dans cette
situation, l'Édit attaqué par elles avec toute la violence d'un intérêt froissé, finit par succomber :
Il fut révoqué un an après sa promulgation : (Édit
d'avril 1674) « Quoique nos sujets, dit la révoca-
« tion, puissent recevoir de très-considérables avantages
« de son exécution, néanmoins comme il arrive ordinai-
« rement que les règlements les plus utiles ont leurs
« difficultés dans leurs premiers établissements et qu'il
« s'en rencontre dans celui-ci qui ne peuvent être sur-
« montées dans un temps où nous sommes obligés de
« donner notre application principale aux affaires de la
« guerre, nous avons résolu de le révoquer et de faire
« expédier nos lettres à ce nécessaires. »

Quoiqu'il en soit des motifs que nous venons de lire,
il n'en est pas moins certain que si l'Édit fut révoqué, ce
ne fut point à cause des difficultés matérielles d'établissement, mais par suite d'une opposition de cour, et
parce que ses dispositions avaient pour effet de détruire
le crédit frelaté de la noblesse et des courtisans.

135. Après l'Édit de 1674 révoquant celui de 1673,

on en revint au système Romain, sauf dans les pays de nantissement qui reprirent leurs anciens usages, abrogés par l'article 71 de l'Édit. Ainsi disparurent pour l'avantage de quelques privilégiés les résultats immenses que devait produire l'idée de Colbert tant au point de vue de l'amélioration de nos lois qu'à celui de leur unité.

136. Le premier document que nous rencontrons sur la matière des privilèges et hypothèques, après l'édit de de 1673 est un nouvel édit de juin 1771 intitulé : « Édit portant création des conservateurs des hypothèques sur sur les immeubles réels et fictifs et abrogation des décrets volontaires. »

137. Pour l'intelligence des innovations contenues dans cet édit, nous devons indiquer sommairement quel était l'état de la législation sur le point qu'il a réglé.

138. En droit Romain celui qui acquiert une chose est dans une impossibilité à peu-près complète de savoir si cette chose est ou non grevée d'hypothèques; il lui est également impossible de l'en dégrever à moins qu'il n'ait acheté dans une vente publique: *subhastatio*; dans ce cas, les créanciers hypothécaires prévenus par des affiches ou criées, doivent exercer immédiatement leur droit, sous peine d'en être déchus (Loi 0. C. de remiss pign. Liv. 8. Tit. 26.) Mais quant aux aliénations volontaires, l'impossibilité ci-dessus subsistait toujours : c'était là une situation intolérable pour le tiers détenteur qui n'était jamais sûr d'être à l'abri d'une éviction ; cependant le droit Romain ne fit rien pour rendre sa position meilleure.

139. Dans notre ancienne jurisprudence, on avait

comme nous l'avons vu, adopté dans son ensemble le système hypothécaire Romain; mais on fut bien vite frappé de l'inconvénient pour un acquéreur de ne pouvoir se mettre par aucun moyen à l'abri d'une poursuite hypothécaire. On essaya d'y remédier en se servant du droit Romain lui-même et voici comment on y parvint. Nous venons de voir que, d'après la loi 6 au code *de remissione pignoris*, la vente publique: *subhastatio*, avait pour effet de purger les hypothèques des créanciers qui n'exerçaient pas immédiatement leur droit. Il en fut de même dans notre ancien droit. « Un décret, dit Loysel, nettoie toutes hypothèques. » Dès lors, l'acquéreur qui voulut dégrever son immeuble, eut recours à cette voie et l'on s'arrangea pour faire intervenir un *décret* dans toute espèce d'aliénation. Pour faire intervenir ce décret on simulait une dette et une expropriation: l'acquéreur se rendait adjudicataire et jouissait alors du bénéfice de la loi 6 *de remiss pign.*, seulement pour en arriver là il fallait une procédure très-longue, très-compliquée et très-coûteuse.

140. L'Édit de 1771 eut pour but de simplifier tout cela et de donner à l'acquéreur d'un immeuble un moyen facile et peu dispendieux de se mettre à l'abri de toute poursuite hypothécaire. Il créa dans chaque bailliage ou sénéchaussée une chancellerie tenue par un *garde des sceaux*, un *conservateur* et un *greffier expéditionnaire* et enjoignit aux créanciers hypothécaires ou autres qui voudraient conserver leurs droits sur les immeubles de leur débiteur, de former opposition entre les mains du conservateur. C'était la disposition de l'Édit

de 1673; seulement l'effet attaché à l'accomplissement de la formalité n'était plus le même : l'Édit de 1771 divisait les créanciers en deux classes, les opposants et les non-opposants : les premiers étaient préférés aux seconds, mais entre créanciers également opposants la priorité était donnée non par la date de l'opposition, mais par celle de l'acte constitutif d'hypothéque (art. 19.)-

141. Quant au tiers qui voulait purger son immeuble des hypothèques dont il était grevé, il devait déposer son titre d'acquisition au greffe du baillage ou de la sénéchaussée dans le ressort de laquelle les biens étaient situés: le greffier en affichait sur un tableau placé dans l'auditoire, un extrait contenant : *la translation de propriété seulement, prix et condition d'icelle*; et l'y laissait pendant un délai de deux mois. Pendant ce délai, tout créancier pouvait former opposition, et en outre faire une surenchère au greffe.

142. Après le délai de deux mois, l'acquéreur recevait un certificat indiquant les oppositions et les surenchères qui s'étaient produites : En cas de surenchère, l'acquéreur pouvait garder l'immeuble vendu en payant le plus haut prix auquel il avait été porté par les surenchérissseurs. En cas d'opposition sans surenchère, il lui était délivré des lettres de ratification à charge de ces oppositions, c'est-à-dire à la charge par lui de payer son prix d'acquisition entre les mains des créanciers opposants. Enfin s'il ne s'était point produit ni surenchère, ni opposition, l'acquéreur devenait propriétaire incommutable, et son immeuble était dégrevé de toute charge hypothécaire.

143. Comme on le voit l'Édit de 1771 donnait à l'hypothèque une demi publicité, mais il restait encore sous ce rapport bien en deça de l'Édit de 1673 ; somme toute il constituait un progrès réel sur la législation existante, et l'état de choses qu'il établisssait subsista jusqu'à la Révolution.

144. Depuis 1771 jusqu'à la fin de la monarchie, nous ne trouvons plus d'autre document relatif au régime hypothécaire : nous terminerons donc ici notre deuxième partie, renvoyant à la troisième l'exposé historique des lois rendues sous la période Révolutionnaire.

FIN DE LA DEUXIÈME PARTIE.

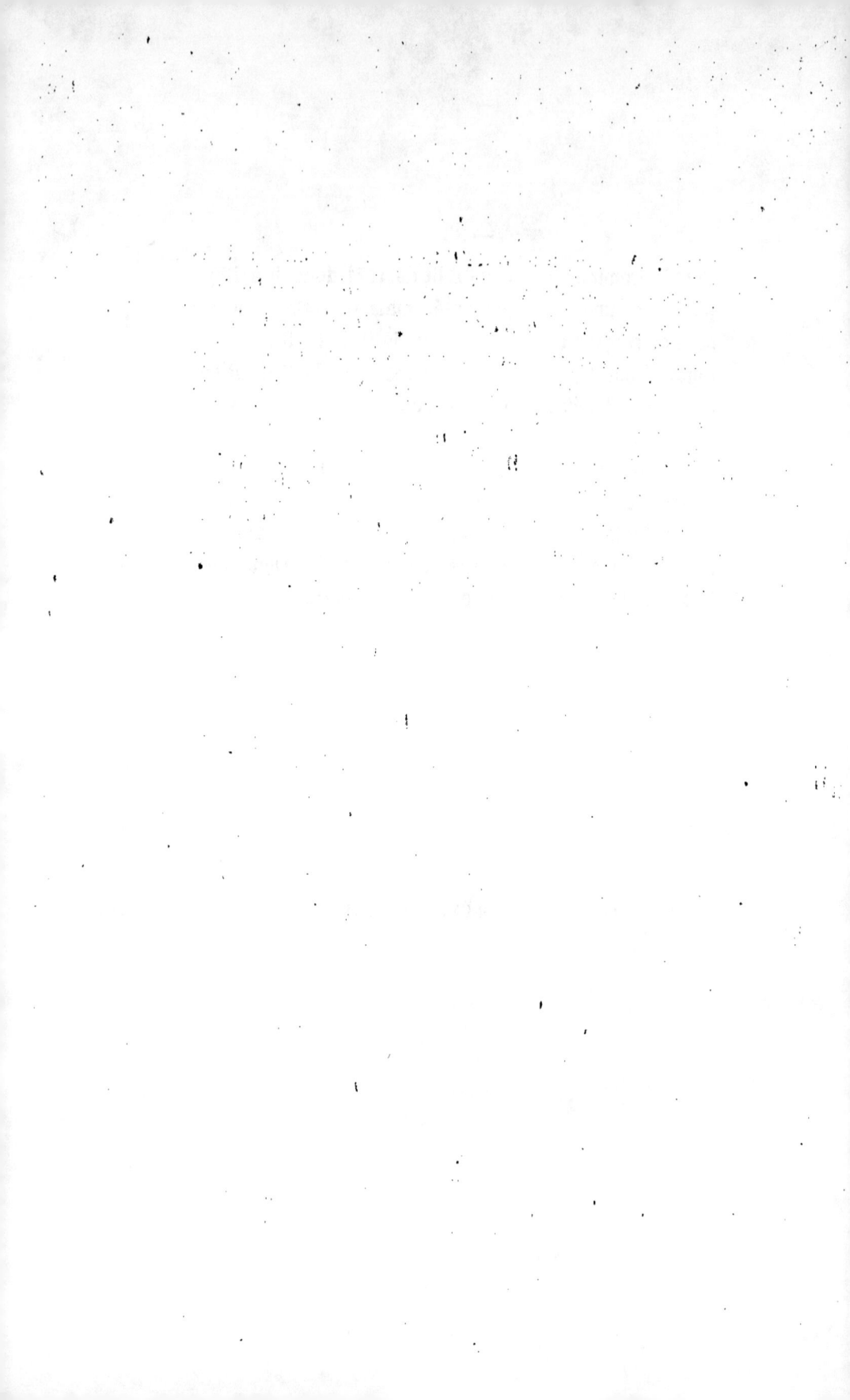

TROISIÈME PARTIE

LÉGISLATION ACTUELLE

INTRODUCTION

145. Il est un principe de morale qui dans toutes les civilisations, même les moins avancées, a été transformé en un principe de droit, c'est-à-dire en une règle garantie par la puissance publique : C'est que tout homme doit exécuter les engagements qu'il a contractés envers un autre, alors que ces engagements sont sérieux et licites.

146. Cette règle, une fois promulguée, il a fallu la mettre à l'abri de la mauvaise volonté des individus ; il a fallu trouver un moyen de faire exécuter les engagements, indépendamment de la volonté de l'engagé. Ce moyen a été le même partout : si l'obligé refuse de s'exécuter, on s'empare de ses biens et on les donne au créancier jusqu'à concurrence de l'intérêt qu'il avait à l''exécution de l'engagement contracté envers lui.

147. Ce moyen de coërcition a aujourd'hui sa formule dans l'art. 2092 du code Napoléon; « quiconque « est obligé personnellement, est tenu de remplir son « engagement, sur tous ses biens, » c'est là ce qu'on appelle dans la langue juridique : le droit de gage du créancier sur le *patrimoine* du débiteur.

148. Ce droit établi au profit des créanciers, s'exerçait à Rome au moyen de certaines voies de droit dont je n'ai pas à indiquer le mécanisme : c'étaient suivant les circonstances : la *missio in possessionem; le pignus in causâ judicati captum* et surtout la *bonorum venditio*, caractérisée par cette circonstance que ce qui est vendu au profit des créanciers, c'est le *patrimoine* entier du débiteur, de telle sorte que l'adjudicataire de ce patrimoine est un successeur *in universum jus,* à peu près comme un héritier.

149. Dans notre ancien droit français, et dans notre droit actuel, ce gage général des créanciers produit son effet au moyen des différentes espèces de saisies, qui sont aujourd'hui indiquées et réglementées par notre Code de procédure.

150. Voilà donc un premier moyen trouvé de faire exécuter un engagement, malgré la mauvaise volonté de l'obligé : voilà, par là même, un premier moyen de crédit, car le crédit n'est autre chose que la résultante des garanties que le débiteur peut donner à son créancier.

Mais le droit de gage général établi au profit des créanciers sur le patrimoine du débiteur est-il bien efficace? — Par suite, avons-nous là un moyen de crédit bien puissant? — Évidemment non — il y a, dans ce système deux lacunes considérables que nous allons indiquer :

1re LACUNE. — Tout créancier, avons-nous dit, a un droit de gage sur les biens de son débiteur ; — mais ce droit est égal pour tous : il appartient au créancier de demain comme au créancier d'aujourd'hui, et si, d'aventure, les biens du débiteur ne peuvent suffire à couvrir ses engagements, chacun des créanciers verra son droit restreint par le concours des autres. Ainsi celui qui prête aujourd'hui de l'argent, je suppose, à un homme dont la fortune peut répondre et au-delà, de ce qu'on lui prête, n'en court pas moins des risques: son débiteur peut emprunter demain, après-demain, sans limite : il peut, à force d'engagements contractés, rendre à peu près illusoire le droit de gage accordé à ses créanciers. — De là un motif perpétuel de défiance; et par suite une entrave au crédit.

152. 2° LACUNE. — Le droit de gage des créanciers porte sur l'universalité juridique qu'on appelle le *patrimoine*. Par conséquent tout objet qui entrera dans le *patrimoine* du débiteur entrera par là même dans le gage des créanciers : mais, à l'inverse, tout objet qui sortira de ce patrimoine, en sortira affranchi de ce gage. Or, comme le débiteur reste toujours, quelque soit le nombre de ses engagements, le maître de son *patrimoine*, il peut, à la seule condition d'agir sans fraude, en faire sortir, s'il le juge convenable, tous les objets qui le composent : de telle sorte, qu'ici encore, il ne restera aux créanciers qu'un droit totalement illusoire.

153. Ces deux lacunes sont extrêmement graves; aussi, de très-bonne heure, a-t-on cherché à les combler.

On a comblé la première, en établissant au profit de certains créanciers, ou en leur permettant d'établir à leur profit, sur certains biens, ou sur tous les biens du débiteur, un droit qui leur permit de se faire payer sur ces biens, avant tous autres, et jusqu'à concurrence de tout ce qu'ils avaient le droit d'exiger de ce débiteur. C'est là le droit de préférence.

Quand à la deuxième lacune que nous avons signalée, on y a remédié en permettant à certains créanciers de suivre, en quelques mains qu'ils passent, les biens de leur débiteur, et de se faire payer sur eux le montant de leurs créances. C'est ce qu'on appelle le droit de suite.

154. Ce sont ces deux droits, droit de préférence et droit de suite, dont la réunion constitue ce qu'on nomme les *sûretés réelles*, et ce sont ces sûretés réelles, qui ont toujours été, et qui seront toujours, par la force même des choses, la base essentielle du crédit.

155. Le droit de préférence a pour but d'empêcher un créancier d'être frustré par le concours d'autres créanciers venant se faire payer comme lui sur les biens du débiteur commun. Le droit de suite a pour but d'empêcher ce même créancier d'être frustré par l'effet d'une aliénation, qui ferait sortir du patrimoine du débiteur les biens qui formaient sa garantie.

156. Ainsi que l'indique le titre de cette étude, nous ne nous occuperons ici que du droit de suite. Nous avons déjà étudié les développements de ce droit dans les institutions romaines, nous avons aussi jeté un coup-d'œil

sur son histoire dans notre ancienne jurisprudence, nous allons maintenant l'examiner avec plus de détail dans notre législation actuelle.

CHAPITRE PREMIER

DES CRÉANCIERS QUI JOUISSENT DU DROIT DE SUITE

ET DE CEUX QUI N'EN JOUISSENT PAS

157. Pour résoudre cette question, nous n'avons qu'à nous rattacher à la grande distinction faite par la loi, entre les meubles et les immeubles.

Le principe est que les immeubles seuls, à l'exclusion des meubles sont susceptibles du droit de suite.

158. Cette distinction se conçoit facilement, les immeubles ne se déplacent point, il est toujours facile de reconnaitre leur identité et de suivre leurs transmissions successives: ils ont en quelque sorte une généalogie et un état civil dans les divers actes de mutation et dans le cadastre.

Ainsi, en matière immobilière, le droit de suite est parfaitement praticable; d'un autre côté son exercice n'offre point d'inconvénients, car tout individu qui se met à un titre quelconque en possession d'un immeuble est à même, ainsi que nous le verrons bientôt, de savoir si cet immeuble pourra être atteint entre ses mains par le droit de suite.

159. En matière mobilière, il en est tout autrement. Les meubles peuvent passer de main en main avec la plus grande facilité, et sans qu'il reste trace des transmissions : (à l'exception toutefois des meubles incorporels qui sont soumis à des règles spéciales) de sorte que le droit de suite serait la plupart du temps impraticable. De plus il offrirait un inconvénient grave, que Loyseau (Des offices) indique en ces termes. « Le commerce serait grandement incommodé, même aboli presque tout à fait, pour ce qu'on ne pourrait pas disposer d'une épingle, d'un grain de blé, sans que l'acheteur en put être évincé par tous les créanciers du vendeur (Paul Pont. — Hyp. art. 2119.)

160. Ces motifs toutefois n'avaient pas empêché qu'en droit Romain, le droit de suite n'atteignit les meubles comme les immeubles, mais ils prévalurent dans notre droit coutumier et y firent adopter cette maxime qui est devenue l'art 2119. « Meubles n'ont point de suite par hypothèque. » Nous retrouverons plus loin les développements et les applications de ce principe : pour le moment nous nous bornerons à indiquer une exception établie par la loi en faveur du bailleur de fonds ruraux ou du locateur de maisons ou bâtiments et qui leur permet de saisir entre les mains du tiers détenteur, les meubles du fermier ou locataire soumis à leur privilége, et qui auraient été enlevés de la maison louée ou de la ferme (2102 1°.)

161. Du reste en matière mobilière le droit de suite se trouve entravé par un élément qu'on ne trouve pas en matière immobilière : l'usucapion instantanée établie au

profit du tiers détenteur de bonne foi par l'art. 2279.

162. En résumé, et pour répondre à la question posée par l'intitulé de notre chapitre, nous pouvons formuler cette règle:

Jouissent du droit de suite:

1° Les créanciers hypothécaires,

2° Les créanciers ayant privilége sur des immeubles.

N'en jouissent pas;

1° Les créanciers chirographaires,

2° Les créanciers n'ayant qu'un privilége mobilier, sauf exception pour le bailleur ou locateur.

163. A ce que nous venons de dire se rattache une question assez vivement controversée, et sur laquelle la jurisprudence et la doctrine paraissent marcher à peu près en sens inverse; c'est celle de savoir si le droit qu'on appelle *séparation des patrimoines*, emporte droit de suite au profit de ceux qui peuvent l'invoquer. Ainsi un homme meurt, laissant des dettes, mais avec une fortune très-suffisante pour les acquitter: son héritier est insolvable, ou on le croit tel: La loi donne aux créanciers du défunt, au moyen de la séparation des patrimoines le droit de se faire payer sur le patrimoine du défunt à l'exclusion des créanciers de l'héritier. Mais malgré cette séparation, l'héritier est toujours le propriétaire de l'hérédité: s'il vient à aliéner quelqu'un des immeubles qui la composent, les créanciers du défunt pourront-ils aller, en vertu du droit que leur donne l'art. 2111, rechercher et saisir ces immeubles entre les mains des tiers détenteurs?

La grande majorité des auteurs refuse ce droit aux

créanciers du défunt : La séparation des patrimoines n'a
qu'un but, empêcher la confusion du patrimoine du
défunt avec celui de l'héritier : Elle remet les choses dans
l'état où elles étaient avant le décès : Voilà tout. Or,
avant le décès, les créanciers du défunt n'avaient sur son
patrimoine que le droit de gage général de l'art. 2093,
lequel ne confère aucun droit de suite : Le décès ne leur
donne aucun droit nouveau, et s'ils veulent se procurer
des sûretés particulières, il faut qu'ils recourent aux
moyens que la loi indique pour y arriver. De plus
l'art. 2111 ne donne aux créanciers du défunt qu'un droit
de préférence à l'encontre des créanciers de l'héritier,
et pas autre chose : il ne leur accorde ni implicitement
ni explicitement aucun droit de suite.

CHAPITRE II

164. L'exercice du droit de suite, soit en matière immobilière, soit en matière mobilière, dans les cas spéciaux où il est admis, suppose tout d'abord une hypothèque ou un privilége régulièrement acquis.

Mais les autres conditions variant, suivant qu'il s'agit de meubles ou d'immeubles, nous allons étudier séparément les conditions requises en matière mobilière, et celles requises en matière immobilière.

I. — En matière mobilière.

165. De tout ce que nous avons dit dans le chapitre précédent, il résulte que nous n'avons à nous occuper que du privilége du locateur.

Le locateur de maisons ou autres bâtiments, a pour sûreté du paiement des loyers un privilége sur ce qui garnit la maison louée.

Le bailleur de fonds ruraux a le même privilége.

1° Sur ce qui garnit la ferme ;

2° Sur les récoltes de l'année.

Remarquons en passant qu'en droit Romain le bailleur
d'un fonds rural n'a hypothèque tacite que sur les récoltes ; et que pour avoir aussi hypothèque sur les meubles
du fermier il faut qu'il le stipule d'une manière expresse.

166. Le bailleur ou locateur a tout d'abord sur les
objets ci-dessus énumérés un droit de préférence lorsque
ces objets sont saisis sur le débiteur ; il y a même dans
ce cas une particularité remarquable, c'est qu'il prime
même les frais de justice qui d'ordinaire priment tous les
autres privilèges. (Pr. 662).

Mais là ne se borne pas le droit du locateur. Il peut,
lorsque les objets sur lesquels porte son droit de gage,
ont été enlevés sans son consentement, en revendiquer
la possession même contre les tiers détenteurs de bonne
foi lesquels ne peuvent vis-à-vis du locateur se couvrir de
l'art. 2279. — Peut-être la loi a-t-elle pensé que lors
même que le tiers détenteur serait de bonne foi, le locataire ou fermier qui enlève ses meubles, ou autres
objets soumis au privilège, commet une véritable sous-
traction ; et que dès lors on peut dire jusqu'à un certain
point qu'il y a chose volée dans le sens de l'art. 2279.

Passons maintenant aux conditions nécessaires pour
l'exercice de ce droit de suite.

167. Rappelons tout d'abord la condition générale
énoncée en tête du chapitre, savoir qu'il faut supposer
tout d'abord un privilège régulièrement acquis.

Passons ensuite aux conditions spéciales nécessaires
à l'exercice du droit de suite.

Pour que le locateur puisse saisir et revendiquer entre

les mains de tiers détenteurs de bonne foi, les objets soumis à son privilège, il faut :

168. 1° Qu'il n'ait pas consenti à l'enlèvement de ces objets : Ce consentement peut n'être que tacite. — Ainsi le bailleur d'un fonds rural ne pourrait revendiquer contre un tiers acquéreur de bonne foi, le blé que son fermier lui a vendu : le locataire d'une boutique ne pourrait réclamer contre les acheteurs, les marchandises que son locataire leur a vendues : En effet, ces aliénations étant dans la nature même des choses, ont été nécessairement prévues lors de la location, et le locateur est censé y avoir donné d'avance son consentement.

169. 2° Que le locateur exerce son droit de suite dans les quarante jours du déplacement s'il s'agit du mobilier d'une ferme, dans les quinze jours s'il s'agit du mobilier d'une maison. (art. 2102. 1°) La loi a pensé que les fermes sont souvent éloignées de la demeure du propriétaire, qu'en outre elles sont le plus souvent isolées, et que le déplacement du mobilier ne peut être connu aussitôt que pour les maisons. — La loi ne fixe point d'une manière explicite le point de départ des quinze ou des quarante jours, mais il me semble résulter de la rédaction de l'article que le point de départ doit être le déplacement. J'adopte ici l'opinion de MM. Valette et Paul Pont, contre MM. Persil, Duranton, Aubry et Rau, etc... En effet, tout autre point de départ que le déplacement me paraît être complétement arbitraire puisque dans notre droit les délais courent en principe *etiam adversus ignorantes*.

170. Dans certaines circonstances, la revendication du locateur pourra, bien que fondée en principe, être repoussée par le tiers détenteur, ainsi :

171. 1° Si les meubles restés dans la maison louée ou dans la ferme suffisent pour répondre largement des loyers et fermages, la revendication du locateur peut être repoussée, faute d'intérêt. Toutefois cette décision est contestée et la jurisprudence elle-même n'est pas bien fixée. Mais il me semble qu'avec le système opposé à celui que j'adopte il ne serait pas possible au locataire de déplacer le meuble le plus insignifiant : ce serait le livrer à toutes les vexations et à toutes les tracasseries que voudrait lui susciter un propriétaire mal disposé. — Le dernier arrêt, à ma connaissance, qui ait statué sur la question l'a résolue dans le sens que j'indique. (Rouen 30 juin 1846. Buhot. — En sens contraire Paris 2 octobre 1806. Leix — Poitiers 28 janvier 1819. Sapin).

172. 2° Même décision, si les meubles revendiqués ont été achetés par le tiers détenteur dans une foire, ou d'un marchand vendant des choses pareilles, le locateur ne pourra revendiquer qu'en restituant au tiers détenteur le prix qu'il a déboursé. En pareil cas, en effet, l'acquéreur ne serait tenu que sous cette condition, de restituer *au propriétaire d'une chose volée ou perdue*, c'est-à-dire à celui qui, en matière de revendication mobilière est traité par la loi avec le plus de faveur : or s'il peut repousser un propriétaire, à fortiori pourra-t-il repousser un simple créancier gagiste. (MM. Duranton, Valette, Pont.) La question, quoique très-pratique à mon sens,

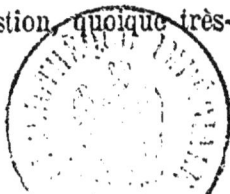

7

ne s'est cependant pas présentée en jurisprudence ou du moins n'a été tranchée par aucun arrêt de Cour).

II. — En matière immobilière.

173. Le créancier hypothécaire ou privilégié, qui veut suivre par voie de poursuite hypothécaire, entre les mains de tiers détenteurs les immeubles affectés à sa créance, doit tout d'abord avoir pris inscription et l'avoir renouvelée si le renouvellement a été nécessaire, le tout en temps utile.

174. Cette inscription est nécessaire, même pour les priviléges généraux de l'art. 2101, en tant que le créancier voudrait, attendu l'insuffisance du mobilier, les exercer sur les immeubles.

Si en effet, l'art. 2107 et l'art. 2106, dispensent ces priviléges d'inscription au point de vue du droit de préférence, ils ne disent rien du droit de suite, et nous restons sous l'empire de l'art. 2166 qui exige l'inscription préalable.

175. La nécessité de l'inscription ne s'applique pas aux hypothèques que la loi en a formellement dispensées. Mais en dehors de ces exceptions, fort peu nombreuses du reste, et sur lesquelles nous aurons à revenir, l'inscription est une condition *sine quâ non*, pour exercer la poursuite hypothécaire (art. 2166). Elle ne saurait être remplacée par aucun autre mode de publicité; pas même par la connaissance que le tiers acquéreur aurait acquise par tout autre moyen, de l'existence de l'hypothèque ou du du privilége.

Toutefois, s'il y avait eu dol de la part du tiers détenteur; s'il avait colludé avec le débiteur, et que leurs
manœuvres frauduleuses eussent déterminé le créancier
à ne pas s'inscrire, nous déciderons que l'inscription
sera censée exister vis-à-vis du *defraudator :* En effet le
dol oblige son auteur à le réparer; et la manière la plus
efficace dans l'espèce de réparer le dol, sera de ne pas
permettre au tiers détenteur de se prévaloir de l'absence
d'inscription qui a été la suite de ses manœuvres do-
losives.

Même décision, bien entendu dans le cas ou l'acquéreur aurait promis dans son acte d'acquisition, ou
ce qui arrivera moins souvent, à une autre époque, de
respecter les priviléges et hypothèques grevant les immeubles qu'il acquiert, bien que non inscrits.

176. Nous venons de voir qu'en principe, une hypothèque ou un privilége ne donne droit de suite qu'autant
que le créancier auquel il appartient a eu le soin de le
faire inscrire. Toutefois par une faveur exceptionnelle,
sont dispensés d'inscription :

1° L'hypothèque légale de la femme
    mariée.   } Art. 2193 et 2195.
2° Celle des mineurs et interdits.

177. Je n'ajouterai pas ici le privilége du vendeur, car
il ne rentre pas dans la catégorie des priviléges complétement dispensés d'inscription. Dans les deux cas
que nous venons d'énumérer, le créancier n'a absolument aucune publicité à donner à son droit, tandis que
le vendeur est au moins obligé pour conserver son

privilége de faire transcrire son titre. Du reste nous retrouverons ceci plus tard.

177 (bis). Toutefois, le principe que nous venons de poser relativement à la dispense d'inscription au profit de la femme mariée, du mineur et de l'interdit, en ce qui concerne le droit de suite, a été contesté, soit en doctrine, soit en jurisprudence.

Ainsi l'on admet bien (Cass. 14 décembre 1863) que la femme, le mineur ou l'interdit pourront produire à un ordre ouvert sur le mari ou le tuteur sans prendre une inscription préalable.

On admet encore qu'ils pourront surenchérir en cas d'aliénation volontaire d'un immeuble hypothéqué, sans avoir besoin de prendre inscription. (V. cependant en sens contraire : Petit, des surenchères, p. 313).

Mais tout le monde n'admet pas qu'ils puissent, sans au préalable prendre inscription, exercer la poursuite hypothécaire contre les tiers détenteurs.

M. Troplong (III. 778 quater) s'est fait le champion de ce système. — D'après lui, l'hypothèque légale de la femme mariée, du mineur ou de l'interdit n'aurait pas besoin d'inscription pour grever entre les mains d'un tiers détenteur les immeubles sur lesquels elle frappe (III. 777 ter). Mais lorsqu'il s'agirait de mettre cette hypothèque en mouvement, d'exercer contre le tiers détenteur la poursuite hypothécaire, il faudrait au préalable prendre inscription.

Voici quels sont les motifs sur lesquels le savant magistrat fait reposer sa décision :

Le tiers détenteur, poursuivi en cette qualité a la

faculté de purger : Or, s'il pouvait être poursuivi sans inscription préalable, il se trouverait en fait dépouillé de cette faculté. En effet les articles 2193-2195 qui traitent de la purge des hypothèques dispensées d'inscription, ne prévoient que le cas ou l'hypothèque est pour ainsi dire à l'état latent, et non celui ou elle est à l'état d'action.

Dans quel délai le détenteur exposerait-il son contrat, puisque ces articles ne lui en prescrivent aucun? Quelles offres ferait-il puisque ces articles ne lui en prescrivent aucune? De telle sorte que le tiers détenteur serait en fait dans l'impossibilité de purger : (Dans le même sens voir notamment Nancy, 28 juillet 1853. Bourges, 11 juin 1855.)

Cette opinion ne nous parait pas fondée, et cela pour deux motifs :

1° La loi a formellement dispensé d'inscription l'hypothèque de la femme, du mineur et de l'interdit, tant au point de vue du droit de préférence (art. 2135) qu'au point de vue du droit de suite (arg. 2193 et suiv.) Elle n'a fait aucune distinction entre l'hypothèque à l'état latent et l'hypothèque à l'état d'action. Le système de M. Troplong ajoute donc sans motif, une exigence de plus aux exigences de la loi.

2° Le tiers détenteur ne sera nullement dépouillé de la faculté de purger. Rien d'abord ne l'empêche sur les premières poursuites dirigées contre lui, de suivre la procédure des articles 2193-2105. Mais il peut, ce qui est bien plus simple, suivre la procédure établie pour la purge des hypothèques inscrites par les art. 2183 et 2184, en ayant soin de faire au créancier poursuivant dont les nom, profession et domicile lui soient forcément connus par la poursuite même, les notifications et offres prescrites par ces deux articles.

C'est dans ce dernier sens que la jurisprudence la plus récente paraît s'être prononcée (Agen 25 mars 1857. Toulouse 12 juin 1860. Voir aussi M. Paul Pont n° 1120. Privil. et hyp.)

178. Il n'y a pas lieu de distinguer, pour l'application de notre principe, entre les différentes créances que peuvent avoir contre le mari ou le tuteur la femme, le mineur ou l'interdit. Toutes ces créances sont en effet garanties par l'hypothèque légale dont le caractère ne varie pas avec les créances qu'elle garantit. C'est ce qui a été décidé spécialement pour l'hypothèque de la femme, la seule qui put présenter quelque difficulté. (Riom 20 février 1819.)

179. Le motif de la dispense d'inscription établie au profit de la femme, du mineur, ou de l'interdit est facile à comprendre. D'une part ces personnes se trouvent placées dans un état de dépendance ou d'incapacité qui ne leur permet pas de prendre inscription eux-mêmes : d'autre part, la personne chargée de veiller à leurs intérêts, étant précisément celle dont les biens sont grevés de l'hypothèque, on comprend que la plupart du temps l'inscription n'aurait pas été prise. Le code a donc agi sagement en dispensant ces hypothèques de la nécessité d'une inscription.

Seulement il avait dépassé le but : la dispense d'inscription aurait dû en partant du principe posé, être limitée : 1° Aux personnes incapables : 2° Au temps pendant lequel dure l'incapacité. En effet, d'une part quand il s'agit d'un créancier subrogé à l'hypothèque légale de la femme, comme ce créancier n'est nullement dans la dépendance du mari, on ne comprend pas la dispense d'inscription à son profit. D'autre part, quand la femme est devenue veuve, que le mineur a atteint sa majorité, que l'interdiction a été levée; en d'autres termes, quand l'état de dépendances ou d'incapacité n'existe plus, la protection spéciale de la loi doit cesser avec lui.

180. Cette limitation que demandaient les principes, et que le code avait oubliée, a été accomplie par la loi du 23 mars 1855, art. 8 et 9. La dispense d'inscription a été restreinte à deux points de vue.

1° Au point de vue des personnes appelées à en profiter. Aux termes de l'art. 9 de la loi de 1855, les créanciers subrogés à l'hypothèque légale de la femme sont tenus de la faire inscrire, si elle ne l'est pas, et si elle est inscrite, de faire mentionner en marge la subrogation à leur profit.

2° Au point de vue de sa durée. Quand l'état d'incapacité a cessé, la dispense cesse avec lui : d'après l'art. 8 de la même loi, l'hypothèque légale de la femme, du mineur ou de l'interdit doit être inscrite dans l'année qui suit la dissolution du mariage ou la cessation de la tutelle.

Ainsi depuis la loi de 1855, tant que le délai d'un an ci-dessus n'est pas expiré, la femme, le mineur ou l'interdit peuvent sans inscription préalable exercer la poursuite hypothécaire contre les tiers détenteur; ce délai passé, ils sont assimilés aux autres créanciers

hypothécaires, et doivent s'inscrire pour exercer le droit
de suite.

181. En résumant ce que nous venons de dire, nous
pouvons poser ce principe : « Le droit de suite ne peut
« être exercé qu'à la condition de prendre inscription ,
« sauf exception au profit de la femme, du mineur ou de
« l'interdit, pendant toute la durée du mariage ou de la
« tutelle, et un an après leur cessation. »

182. Pour exercer le droit de suite, il ne suffit pas de
prendre une inscription, il faut encore la prendre en
temps utile.

183. Quand peut-on dire qu'une inscription est prise
en temps utile ? C'est là une grosse question et qui déjà
a fait écrire bien des volumes : Nous n'entrerons pas
autant que possible dans les détails d'espèces qui nous
entraîneraient bien au delà des limites de cette étude;
nous nous bornerons à dessiner les grandes lignes, et
à faire ressortir les principes généraux qui peuvent donner la solution des questions particulières.

184. Le principe général est celui-ci: « *L'inscription*
« *doit, pour être prise en temps utile, être prise alors*
« *que l'immeuble grevé de l'hypothèque est encore in*
« *dominio debitoris.* »

Toutefois le principe lui-même ne résout pas la question, car il reste à nous demander jusqu'à quel moment
l'on peut dire qu'une chose est encore *in dominio debitoris*, en d'autres termes quel est le fait qui opère *erga
omnes*, la transmission de la propriété; quel est le moment
précis où cette transmission est effectuée ?

La réponse à cette question varie suivant la législation

qu'on étudie, et dans notre législation elle-même suivant l'époque où l'on se place.

184. A Rome cette transmission s'effectue, savoir :

Pour les *res mancipi* au moyen de la *mancipatio* ou de la *cessio in jure*, et au moment même où sont prononcées les paroles solennelles qui constituent ces deux opérations.

Pour les *res nec mancipi*, au moyen de la tradition faite *ex justa causa*, et au moment même où cette tradition est effectuée.

Enfin pour les unes et les autres, au moyen de l'*in jure cessio* de l'*adjudicatio*, et enfin de l'usucapion.

Nous ne parlerons que pour mémoire de quelques modes de transmission tout à fait spéciaux tels que la spécification, l'invention, etc.

Dans le dernier état du droit romain, où la *mancipatio* et l'*in jure cessio* ont disparu, et où l'on ne distingue plus entre les *res mancipi* et les *res nec mancipi*, le mode le plus général dans la pratique, c'est la *traditio ex justa causa*, la tradition affectuée en vertu d'une vente, d'une donation, etc.

185. Dans notre ancienne France, sauf les pays dits de *nantissement* dont nous parlerons tout à l'heure, nous retrouvons les mêmes principes que dans le dernier état du droit Romain. La propriété est aussi transférée par l'effet de la tradition intervenant à la suite d'une vente, d'une donation etc...... Une vente se décomposait en deux opérations, dont les notaires de l'époque avaient grand soin de dresser deux actes séparés : Un acte contenant la convention signallagmatique intervenue entre le

vendeur et l'acheteur, convention qui n'avait pour effet que de créer deux obligations corrélatives : obligation du vendeur de livrer l'objet vendu : obligation de l'acheteur d'en payer le prix, et qui n'opérait par elle même aucune transmission de propriété : 2° Un secod acte constatant la tradition faite par le vendeur et la prise de possession par l'acheteur. Cette prise de possession se composait en matière immobilière d'une série d'opérations symboliques qui ont persisté jusqu'à la Révolution. Ainsi nous avons des actes de mise en possession d'une époque assez récente , où nous trouvons des formalités qui sont évidemment un reste très-bien conservé du formalisme Romain ou Germanique. Nous y voyons l'acheteur se transporter sur l'immeuble vendu avec le vendeur et le notaire, y marcher successivement dans le sens des quatre points cardinaux, casser des branches, cueillir des fruits etc.... à partir de cet seulement, l'acheteur est propriétaire.

Avec la formalité de la tradition, il y avait pour la transmission de la propriété une publicité fort restreinte à la vérité, mais qui pouvait encore jusqu'à un certain point, prévenir les tiers. Cette garantie disparut bientô au moyen des traditions feintes, et du constitut possessoire qui firent disparaître le dernier vestige de cette demi publicité, soit dans le droit Romain, soit dans notre droit Français. La tradition feinte et le constitut possessoire devinrent de style dans les actes de vente : Quelques auteurs, frappés de l'inconvénient de cette clause, essayèrent d'en contester la validité : Dumoulin (I § 20. Gl. V n° 16. sur Paris) disait en parlant de cette tradition : *Ista non est neque vera, neque ficta traditio, nec operatur dominii.... translationem.*

Mais son opinion ne fut pas suivie, et le contraire passa en pratique. « Dessaisine et saisine faites en présence « de témoins et de notaires, dit Loisel (Inst. Cout.) « vaut et équipolle à tradition et délivrance de pos- « session. »

Du reste, sous l'empire d'une législation où l'hypothèque n'était point publique, l'inconvénient des mutations occultes ne se faisait guère sentir. D'autre part le crédit était fort limité; les transactions étaient rares, et ne se faisaient guère qu'entre voisins, qui se connaissaient, et qui connaissaient la généalogie de la propriété. C'est ce qui nous explique qu'on n'ait songé qu'aussi tard à rendre publiques les mutations de propriété. C'est ainsi qu'aujourd'hui encore, dans les campagnes, où l'acheteur et le vendeur se connaissent très-bien, on n'exige pas dans une vente, ces établissements de propriété si longs et si minutieux que l'on exige à Paris et dans les grandes villes, où les deux parties sont le plus souvent inconnues l'une à l'autre.

186. Nous venons de voir quel était, sur le point qui nous occupe, le droit commun de notre ancienne France, aussi bien dans les pays coutumiers que dans les pays de droit écrit. Toutefois certaines provices du nord-est, telles que Hainaut, le Cambrésis, le Vermandois, la Flandre, la Picardie, la Champagne, avaient adopté un système tout opposé. Dans ces pays qu'on appelait pays de nantissement, coutumes de *vest et devest*, les mutations de propriété étaient publiques. Cette publicité était une suite

directe et immédiate du régime féodal, et voici comment:

Dans le système féodal, le seigneur fieffeux est réputé avoir été le propriétaire primitif de toute l'étendue comprise dans son fief : tous les propriétaires ou feudataires qui dépendent de lui sont considérés comme ses concessionnaires.

C'est ce que résumait cette maxime du droit féodal primitif: « Nulle terre sans seigneur, » maxime qui considérait toute terre comme fief ou censive, et niait la propriété indépendante ou franc-alleu.

Dans ce système primitif, qui parait avoir à une certaine époque, régné sur toute la France, la propriété ne pouvait pas se transmettre librement d'un individu à un autre; il était de principe que la propriété ne pouvait sortir des mains du concessionnaire que pour retourner dans celles du concédant. Ainsi quand un homme voulait aliéner sa propriété en faveur d'un tiers, l'opération se décomposait en deux. Le propriétaire pouvait bien se dépouiller de sa propriété, mais il ne pouvait pas en investir l'acquéreur : elle retournait aux mains du seigneur, à qui l'acquéreur devait aller en demander l'investiture. Aussi, en pareil cas, on procédait un peu dans la forme, comme pour *l'in jure cessio* romaine : Les deux parties se rendaient devant le seigneur fieffeux de la terre qu'il s'agissait d'aliéner; et celui-ci *dérestissait* le vendeur et *investissait* l'acheteur: Cette opération s'appelait *vest* et *devest,* et ce n'était qu'à dater du moment où elle avait eu lieu que la propriété se trouvait transmise.

Ce système, disons-nous, parait avoir régné sur toute l'étendue de notre territoire. Peu à peu il s'opéra une réaction. Les pays du Midi où étaient encore vivaces les souvenirs romains, paraissent s'être débarrassés les premiers de cette pression du droit féodal sur le droit civil : le mouvement gagna de proche en proche, et les pays du centre suivirent l'exemple de ceux du midi : à l'axiome primitif, « *nulle terre sans seigneur,* » on opposa celui-ci : « *nul seigneur sans titre.* » L'allodialité, la liberté de la terre se présume, forme le droit commun, et par suite la nécessité de l'investiture féodale disparaît peu à peu, et les coutumes ont soin de proclamer le nouveau principe que, « *nul ne prend saisine qui ne veut.* »

Toutefois, le mouvement qui du midi s'était propagé vers le centre, vint se briser contre ces provinces du nord-est dont nous avons parlé. Ces provinces qui avaient formé l'ancienne Neustrie, avaient été plus longtemps et plus fortement imprégnées que les autres des principes germaniques et féodaux. Aussi, non-seulement elles conservèrent, mais elles exagérèrent ces principes. Nous avons parlé de la maxime *nulle terre sans seigneur,* qui signifiait que jusqu'à preuve contraire toute terre était réputée fief ou censive : Or, du temps de Beaumanoir, le principe s'est accentué avec une sévérité nouvelle : le Seigneur a le droit de mettre en son fief ou censive tout ce qui n'est pas déjà censive ou fief, c'est la suppression de l'allodialité. (M. Chambellan, cours de doctorat, 1866.)

Naturellement, dans ces provinces l'usage *du rest et devest,* ne dut pas se perdre, comme dans le midi. Il persista jusqu'à la Révolution. Seulement il changea de caractère à mesure que la féodalité disparut. Ce ne fut plus une reconnaissance d'un droit seigneurial, ce fut une mode de tradition public et officiel. Aussi les alleux qui dans l'origine devaient nécessairement échapper au vest et devest, puisqu'ils ne dépendaient d'aucun seigneur y furent-ils soumis par la suite : seulement l'ensaisissement était alors donné, non par un officier public, mais par deux propriétaires de franc alleu. (Merlin Rep. V°. Franc alloëtier.)

187. En Bretagne aussi, la mutation de propriété était rendue publique, seulement cette publicité ne se rattachait en aucune manière au régime féodal. Elle était donnée au moyen de proclamations ou bannies destinées à prévenir ceux qui pourraient avoir sur l'immeuble aliéné des droits réels quelconques. Faute par ces derniers de faire, dans un délai déterminé, opposition aux bannies, l'acquéreur devenait propriétaire incommutable, et l'immeuble se trouvait purgé de toutes les charges réelles qui pourraient le grever. C'est ce qu'on nommait l'appropriance. Comme on le voit, l'appropriance était destinée à couvrir l'acquéreur : 1° Contre ceux qui prétendraient des droits réels sur l'immeuble, 2° contre ceux-là mêmes qui s'en prétendraient propriétaires. Elle remplirait donc à la fois le rôle de la purge et le rôle de la prescription.

188. Les avantages que présentait le système des pays de nantissement au point de vue de la sécurité des transactions n'avait pas échappé à Colbert. Aussi, quand il établit dans l'édit de 1673 la publicité des hypothèques, avait-il eu l'idée d'établir en même temps la publicité des transmissions de propriété. Mais cette idée, manifestée dans le préambule de cet édit, ne se retrouve point dans

ses dispositions. L'édit du reste n'eut lui-même qu'une existence éphémère ainsi que nous l'avons vu et dans le dernier état du droit français, on suivait purement et simplement le droit romain de Justinien, en matière de transmission de propriété. On le suivait aussi, sauf les modifications apportées par l'Édit de 1771 sur la purge, pour tout ce qui concernait le régime hypothécaire, de telle sorte que soit l'hypothèque soit la transmission de la propriété restant occultes, il était impossible à un acquéreur ou à un prêteur de fonds de connaître les charges qui grevaient tel ou tel immeuble, ou même de savoir si celui avec qui ils traitaient en était le véritable propriétaire.

189. Cependant pour les mutations à titre gratuit, les donations, la transmission de propriété était toujours comme en droit Romain, rendue publique par l'insinuation : C'était là, en effet, que la fraude était le plus à redouter.

190. Quand la révolution arriva, les travaux des économistes avaient déjà établi que le véritable crédit ne peut reposer que sur une publicité très-large : que les hypothèques occultes, les transmissions de propriété occultes, ne peuvent créer que le manque de sûreté et par conséquent la défiance. Aussi les législateurs de l'époque rompirent-ils d'une manière complète soit avec notre vieux droit, soit avec le droit Romain, et essayèrent-ils d'organiser une publicité aussi large que possible.

191. La première loi générale que nous trouvons sur cet objet est celle du 9 messidor, an III. Nous ne dirons qu'un mot de cette loi qui n'a eu qu'une existence tout

à fait éphémère ou plutôt qui n'a jamais été appliquée.
Nous y trouvons le germe de la transcription, de la publicité efficace des transmissions de propriété : l'art. 96
porte, que celui au profit duquel une *expropriation volontaire* est consentie, ne peut devenir propriétaire incommutable des biens territoriaux qui en font l'objet, qu'à la
charge de notifier et déposer expédition de son contrat
dans le mois de sa date, à chaque bureau de la conservation des hypothèques dans l'arrondissement duquel ces
biens sont situés.

Quand aux autres disposition de la loi du 9 messidor
an III, nous n'en citerons qu'une qui nous permettra de
juger le caractère un peu aventureux de la loi toute entière c'est celle qui dispose que tout propriétaire d'immeubles pourra, après les avoir fait estimer judiciaire-
ment, créer jusqu'à concurrence du tiers de leur valeur
des obligations au porteur, avec hypothèque sur ces
immeubles.

La loi de messidor avait voulu mobiliser toute la fortune
immobilière. Mais il n'est pas facile de transformer
les champs en billets de banque. L'essai ne réussit
pas. La loi ne fut même jamais mise sérieusement en
vigueur.

192. La loi du 11 brumaire an VII reproduisit l'idée
mère de la loi de messidor, en écartant ce que cette loi
avait d'irréalisable et de chimérique. Elle établit que la
transmission de biens et droits susceptibles d'hypothèques, ne pourrait être opposée au tiers qu'autant que
l'acte translatif aurait été transcrit au bureau des hypothèques.

— 113 —

193. Le projet du code Napoléon reproduisait le principe de la loi de Brumaire. Il y a nombre d'articles qui sont pour ainsi dire des pierres d'attente pour la transcription, un surtout, l'article 1583 : « Elle (la vente) est « parfaite *entre les parties* et la propriété est acquise de « droit à l'acheteur à l'*égard du vendeur* dès qu'on est « convenu de la chose et du prix. » Aussi pouvait-on dire avec raison en 1855, que la transcription était attendue dans notre code, et qu'elle ne ferait qu'y prendre une place qui semblait lui avoir été réservée.

Quoiqu'il en soit, la disposition du projet qui exigeait la transcription comme condition de la transmision de la propriété à l'égard du tiers, disparut dans la discussion sans qu'on ait très-bien pu se rendre compte de la manière dont elle avait disparu, si bien que des auteurs n'ont pas craint d'appeler cette disposition un *escamotage législatif*. Cette expression est de M. Troplong, et, dans la discussion de la loi de 1855, M. de Belleyme, rapporteur, a cru pouvoir dire qu'il ne croyait pas ces paroles trop sévères pour un pareil oubli. Au reste, la place de la transcription était si bien marquée dans le code, qu'il fallut une lutte assez vive et assez longue en jurisprudence et en doctrine pour faire admettre le principe, principe qui découlait bien évidemment des textes du code que la propriété était transmise *solo consensu*, même à l'égard des tiers.

194. Ainsi, sous l'empire du code Napoléon, la propriété est transférée aussitôt que les parties sont tombées d'accord sur la chose et sur le prix, et que cette convention a acquis date certaine. Par conséquent pour la solution de la question que nous nous sommes posés en

8

commençant, nous devons dire que sous ce code, une inscription ne peut être valablement prise que jusqu'au
moment où l'immeuble hypothéqué est sortie de mains
du constituant par une convention ayant date certaine.

105. Voici les deux grands inconvénients de ce
système au point de vue du créancier hypothécaire.

1° Le créancier au moment ou il prête sur hypothèque
est dans l'impossibilité la plus absolue de s'assurer si
celui avec qui il traite, est bien propriétaire de l'immeuble qu'il hypothèque. Celui-ci peut en effet avoir
déjà aliéné cet immeuble soit par un acte sous seing
privé enregistré, soit par un acte notarié. Or, sans parler
de l'impossibilité de compulser pour cela les minutes de
tous les notaires, et les registres de tous les bureaux
d'enregistrement de France, il y aurait encore cet obs-
tacle que ces minutes et ces registres ne sont point
publics.

2° Supposons qu'au moment de la constitution d'hypothèque, le constituant soit propriétaire. Mais s'il est de
mauvaise foi, il peut le même jour, vendre l'immeuble
hypothéqué, et faire acquérir le même jour date certaine
à la vente. Or, dans cet intervalle il aura été à peu près
matériellement impossible au créancier de prendre inscription, et il se trouvera nécessairement primé par
l'acquéreur, contre lequel il n'aura que la périlleuse
ressource de l'action Paulienne.

196. Ces deux inconvénients étaient graves: aussi
chercha-t-on bientôt à y rémédier.

Un premier pas fut fait dans cette voie par le code de
procédure.

197. L'art. 834 de ce code prévoit l'hypothèse suivante :
Un individu reçoit hypothèque sur un immeuble, mais il
ne s'inscrit pas. — Postérieurement à la constitution
d'hypothèque le constituant aliéne cet immeuble. D'après
le code Napoléon, l'acquéreur en pareil cas obtiendrait
son immeuble franc et quitte de l'hypothèque. Le code
de procédure décide que malgré l'aliénation, le créancier
hypothécaire pourra s'inscrire jusqu'à la transcription
de cette aliénation et dans la quinzaine qui suivra la
transcription. Mais ne perdons pas de vue que ce bénéfice
n'est accordé qu'au créancier à qui une hypothèque a
été conférée antérieurement à l'aliénation : Si au contraire
la constitution d'hypothèque est postérieure à l'aliénation, l'acquéreur est préféré, lors même qu'il n'aurait
pas transcrit, pourvu bien entendu que son contrat d'acquisition ait date certaine.

198. Comme on le voit, le code de procédure n'avait
rien innové au principal général du code Napoléon. Il
n'établissait qu'une faveur particulière pour une classe
de créanciers. Et même pour ces créanciers favorisés il
ne faisait disparaître que le second des deux inconvénients signalés tout à l'heure (V. n° 195 suprà) et il laissait
subsister le premier d'une manière complète. Celui qui
voulait traiter avec un tiers soit pour un prêt soit pour
une acquisition était toujours dans l'impossibilité de
savoir d'une manière certaine, si l'individu qui offrait de
vendre ou d'hypothéquer un immeuble en était bien le
véritable propriétaire.

199. Pour parer à ce deuxième inconvénient, il n'y
avait qu'un moyen : revenir au systéme de la loi de

Brumaire an VII, et dire que la transmission de propriété
ne pourrait être opposée aux tiers qu'autant que ceux-ci
auraient été mis à même de la connaître.

Cette amélioration à notre code fut demandée par les
plus éminents jurisconsultes, notamment par M. Troplong
et dès 1841, le Gouvernement commença à s'en occuper.
Les travaux furent plusieurs fois interrompus et repris,
et finirent enfin par aboutir à la loi du 23 mars 1855.

200. *Loi du 23 mars 1855.* Nous n'avons pas ici à
étudier cette loi dans son ensemble, nous ne ferons qu'en
tirer ce qui nous sera nécessaire pour répondre à la
question que nous nous sommes posée en commençant :
« quand peut-on dire qu'une inscription est prise en temps
« utile ? »

201. Le principe fondamental de la loi de 1855, c'est
que la propriété n'est transmise à l'égard des tiers que
par la transcription de l'acte d'aliénation. Le consentement seul suffit pour transférer la propriété *inter partes:*
mais vis-à-vis des tiers, tant qu'il n'y a pas eu transcription, l'immeuble est resté *in dominio debitoris.* Par
conséquent jusqu'à la transcription un créancier hypothécaire, qui est un tiers, peut parfaitement s'inscrire,
et son inscription aura été prise en temps utile.

En revanche, aussitôt la transcription opérée, l'immeuble qui en est l'objet est sorti *erga omnes,* du patrimoine de l'aliénateur: Par conséquent depuis ce moment,
aucune inscription ne peut plus, en principe du moins,
être utilement prise (art. 3 et 6. de la loi.)

201. (bis) Nous sommes maintenant en mesure de
répondre à la question que nous nous sommes adressée

en commençant cet exposé, savoir : jusqu'à quel moment le créancier hypothécaire qui veut exercer son droit de suite, peut-il utilement s'inscrire ?

Il est inutile de dire qu'il n'y a pas lieu de poser la question soit dans le droit Romain, soit dans notre ancien droit, puisque l'hypothèque étant occulte, aucune inscription n'était requise du créancier hypothécaire, qui pouvait exercer soit le droit de préférence soit même le droit de suite sans avoir aucune formalité à remplir. Nous en dirons autant des hypothèques légales dispensées d'inscription pendant tout le temps que dure cette dispense (supra. nos 176 et 178 bis.)

Nous prenons la question à la loi de messidor an 3 qui a établi la publicité des hypothèques, et nous répondons, toujours bien entendu en principe, et en réservant le bénéfice des exceptions que nous aurons bientôt à étudier,)

L'inscription peut être utilement prise :

1° Sous l'empire des lois des 19 septembre 1790, 19 messidor an III, et 11 brumaire an VII, jusqu'à la transcription de l'acte qui a fait sortir l'immeuble hypothéqué du patrimoine du débiteur hypothécaire.

II. Sous le code Napoléon jusqu'au moment où l'acte d'aliénation a acquis date certaine.

III. Sous le code de procédure (art. 834) jusqu'à l'expiration du délai de quinzaine après la transcription de l'acte d'aliénation, mais à la condition que la constitution d'hypothèque au profit de l'inscrivant soit antérieure en date à l'acte transcrit.

IV. Sous l'empire de la loi qui nous régit actuellement,

jusqu'au jour de la transcription de l'acte d'aliénation,
(Loi du 23 mars 1855. Art. 3 et 6)

En revanche c'est la transcription seule qui produit
cet effet, de sorte que l'article 834 du code de procédure
qui arrêtait le cours des inscriptions au jugement d'adjudication se trouve virtuellement abrogé par la loi de 1855
et qu'aujourd'hui il n'y a plus à cet égard de différences
entre les ventes volontaires et les ventes judiciaires,
le dessaisissement n'étant opéré dans un cas comme dans
l'autre que par la transcription, (Comp. Pr. 717, nouveau.
Loi du 21 mai 1855.)

202. Ainsi dans notre législation actuelle, la transcription de l'acte translatif de propriété, clot d'une
manière irrévocable le champ des inscriptions. Quelques
personnes ont pensé que cette clôture, si brusque, presque toujours inattendue, ouvrait la porte à bien des fraudes.
Pour prendre un exemple dans dans notre sujet, supposons un individu qui constitue aujourd'hui une hypothèque et qui, le jour même vend à un tiers l'immeuble hypothéqué. Si l'acheteur fait diligence, (et s'il est le complice
de son vendeur, il en fera assurément de très-grandes), il
a une certitude à peu près complète d'arriver au bureau
des hypothèques avant le créancier hypothécaire, en
supposant même que celui-ci ait fait de son côté toutes
les diligences que fait en pareil cas un homme soigneux
et intelligent. Prenons une autre hypothèse : je suis
créancier eu vertu d'un billet ; je n'ai pas demandé pour
le moment d'autre garantie, confiant dans la solvabilité
de mon débiteur. Si je veux le poursuivre, il aura dix fois
le temps, pendant les délais de la procédure, et bien avant

que j'aie pu obtenir et faire inscrire une hypothèque
judiciaire, de vendre ses immeubles et de faire transcrire
la vente, de sorte que le gage sur lequel j'avais compté
s'évanouira entre mes mains.

203. Ces arguments en faveur du délai de quinzaine
accordé par l'article 834 du code de procédure ont été
présentés avec beaucoup de force, lors de la discussion
de la loi du 23 mars 1855, par MM. Rigaud, (un des
auteurs du traité des droits d'enregistrement) M. le
marquis d'Andelarre et M Duclos, un des membres de
la commission. Les réponses qui y furent faites par
MM. Allart et Rouher, commissaires du gouvernement,
déterminèrent la chambre à la suppression du délai
bien qu'en définitive les motifs présentés à l'appui du
maintien, ne nous paraissent pas avoir été complètement
détruits par ces réponses. (V. la discussion : séance du
17 janvier 1855, Moniteur du 19 janvier.)

204. Le principe admis par la loi du 23 mars 1855,
que le cours des iescriptions sur un immeuble est arrêté
par la transcription de l'acte translatif de propriété subit
diverses exceptions, notamment en ce qui concerne les
priviléges du vendeur et du co-partageant. Mais avant
d'arriver à l'étude des exceptions, nous devons nous
arrêter quelques instants sur les difficultés que présente
le principe lui-même dans ses applications.

205. La première difficulté que nous étudierons est
une des plus importantes au point de vue pratique. Il
s'agit de savoir si, lorsqu'un immeuble a été l'objet de
transmissions successives, il faut, pour arrêter le cours
des inscriptions sur cet immeuble, la transcription du

contrat qui a fait sortir cet immeuble des mains de celui qui l'avait hypothéqué : ou bien au contraire s'il suffit pour arrêter le cours de ces inscriptions de la transcription de l'un quelconque des actes translatifs qui ont été successivement faits ?

Pour mieux faire saisir la question, prenons d'abord un exemple des moins compliqués :

Primus vend à Secundus l'immeuble A. Secundus ne transcrit pas. Il vend à Tertius, qui transcrit son contrat, sans transcrire celui de son auteur Secundus. Primus avait un créancier hypothécaire qui ne s'était pas encore inscrit. Peut-il le faire après que Tertius a transcrit ?. En d'autres termes Tertius doit-il transcrire, outre son contrat à lui, le contrat de Secundus? Enfin en termes généraux, lorsqu'on a acheté un immeuble d'une personne qui, elle-même n'avait pas fait transcrire son titre d'acquisition, est-on en règle avec la loi si on se contente de faire revêtir de la transcription le titre dont on est porteur, ou bien n'a-t-on satisfait à ses dispositions que par la publication de tous les contrats antérieurs qui ne sont pas transcrits ?

Notre opinion sur cette question est que le dernier acquéreur, pour être complétement à l'abri des actions hypothécaires du chef des précédents propriétaires de l'immeuble qu'il achète, doit transcrire non-seulement son titre, mais encore ceux des précédents acquéreurs, en remontant jusqu'à une transcription assez ancienne pour établir la prescription.

Pour justifier cette décision reprenons notre hypothèse. Le propriétaire d'un immeuble hypothéqué n'en est légalement dessaisi à l'égard des tiers que par la transcription de l'acte, au moyen duquel il l'a aliéné. Donc, dans notre espèce, Secundus n'ayant pas transcrit, tant que sa possession a duré, Primus est resté saisi à l'égard des tiers. Ce premier point ne saurait être contesté. Et quand arrivera la transcription faite par Tertius, comment pourra-t-on dire que cette transcription dessaisit Primus? L'acte ainsi transcrit est étranger à Primus, si étranger qu'il n'est pas nécessaire que son nom y figure ; si étranger que lui, ou ceux qui voudraient traiter avec lui, n'ont eu (je le prouverai tout à l'heure) aucun moyen de la connaître. Pour dire que la transcription faite par Tertius a dessaisi Primus, il faudrait dire que la propriété a passé *per saltum et omissio medio* de Primus à Tertius en enjambant Secundus ; mais évidemment aucune transmission de ce genre ne s'est effectuée : Primus et Tertius sont restés entièrement étrangers l'un à l'autre. Donc, la transcription faite par ce dernier, ne faisant pas connaître que l'immeuble A soit jamais sorti du patrimoine de Primus, ne saurait opérer le désaisissement de celui-ci.

De plus la transcription de la vente faite à Tertius par Secundus a dessaisi ce dernier à l'égard des tiers, mais de quoi? Du droit qu'il avait. Or comme il n'avait pas transcrit, il n'avait qu'un droit non opposable aux tiers. — Donc Tertius ne peut pas avoir autre chose, et pour invoquer vis-à-vis des tiers le droit de Secundus, il faut qu'il commence par leur rendre ce droit opposable, en faisant transcrire le titre qui le constitue.

Mais, dira-t-on, la vente que Tertius a fait transcrire

indiquéra nécessairement le nom des précédents propriétaires et par là même rendra publique la mutation effectuée de Primus à Secundus? Je réponds : non. D'abord
rien ne m'assure que les noms des précédents propriétaires se trouvent dans le titre présenté à la transcription, et puis lors même que dans la vente consentie par
Secundus à Tertius qui est transcrite on trouverait men-
tionnée la vente de Primus à Secundus, avec toutes les
indications possibles, il n'en serait pas moins vrai de
dire que cette dernière vente est restée cachée, absolument cachée, à ceux qui ont voulu s'éclairer sur la
situation de Primus. Ainsi supposons qu'après l'aliénation de l'immeuble A, Primus vienne m'emprunter de
l'argent en m'offrant une hypothèque sur ce même immeuble A. En homme prudent, je veux m'assurer de
deux choses : 1° Si cet immeuble A, appartient bien à
Primus, et 2° s'il n'est pas déjà grevé outre mesure. Je
vais chez le conservateur des hypothèques, et j'y trouve
transcrit le titre de Primus : Je m'informe s'il n'a pas
aliéné cet immeuble, on me délivre un certificat négatif
constatant qu'il n'a pas été transcrit d'actes par lesquels
Primus aurait aliéné l'immeuble A. J'ai fait tout ce
qu'il m'était humainement possible de faire pour savoir
la vérité. Serai-je au moins en sécurité? Pas le moins
du monde dans le système de ceux qui combattent notre
doctrine. — Au moment où je suis allé au bureau des
transcriptions la vente de Tertius s'y trouvait peut-être,
mais elle ne pouvait pas se trouver sous le nom de
Primus, car Primus n'y était point partie, et dès lors il
m'a été impossible d'en avoir connaissance, car les

mutations sont classées sous les noms des propriétaires et non sous ceux des immeubles.

La doctrine que je présente me semble la seule en harmonie avec l'esprit de la loi de 1855. Cette loi a voulu proscrire les mutations secrètes; le système que je combats aboutit à les rétablir. La loi de 1855 a voulu qu'on pût connaître d'une manière certaine l'état de la fortune immobilière de chacun, le système de tout à l'heure rend cette faculté illusoire puisque s'il était vrai, il serait impossible de savoir, au moment ou l'on prête sur un immeuble, si cet immeuble n'est pas déjà vendu à quelque personne inconnue qui aura elle-même revendu à quelque autre non moins inconnue, laquelle aura transcrit sous un nom qu'il est impossible de découvrir. En un mot on rejetterait la propriété immobilière dans cet état d'incertitude où elle se trouvait sous l'empire du code Napoléon, et d'ou la loi de 1855 a voulu la faire sortir.

Toutefois, comme le système que je viens d'exposer est combattu par des auteurs dont le nom fait autorité (M. Troplong, traité de la Transcription n° 164 et suiv. MM. Rivière et Huguet, questions sur la Transcription, quest. XLIX. Voir aussi quest. XXIX, n° 212. Comp. Rivière et François : Explicat. de la loi sur la transcription, n° 105), et que je ne me dissimule pas qu'il est difficile de lutter, même avec ce que je crois être de très-bonnes raisons, j'indiquerai ici le plus brièvement possible l'opinion de chacun de ces auteurs, avec les principaux arguments à l'appui, afin que le lecteur puisse choisir en connaissance de cause.

M. Troplong admet que la transcription du dernier
acte d'aliénation suffit pour purger toutes les hypothèques non encore inscrites, parce que, dit-il, la loi du
23 mars 1855, de même que celle du 11 Brumaire,
n'exige d'un acquéreur que la transcription de son titre,
et nullement la transcription des titres des précédents
propriétaires.

Seulement sur le point de savoir s'il faut que la der-
dernière vente transcrite contienne le nom des précédents
propriétaires et la mention des mutations successives,
M. Troplong fait une distinction. Pour la saisir reprenons
toujours notre même hypothèse. Primus a vendu à Secundus qui n'a pas transcrit; Secundus a revendu à Tertius qui
a transcrit; survient un créancier hypothécaire de Primus, non encore inscrit au moment de la transcription de
Tertius. M. Troplong distingue. Si la constitution d'hypothèque au profit de ce créancier est antérieure à la transcription de la vente de Tertius, peu importe que cette vente
relate ou non les mutations antérieures. Le créancier
hypothécaire sera toujours exclu, car il lui était possible de s'inscrire avant la transcription et s'il ne l'a pas
fait c'est une faute dont lui seul doit supporter les conséquences. Que si au contraire la vente de Tertius était déjà
transcrite au moment de la constitution hypothécaire,
on ne peut plus reprocher au créancier de n'avoir pas
fait assez de diligence. Mais ne peut-on pas lui reprocher
de n'avoir pas pris assez de précautions? Ne peut-on
pas lui dire : Il vous était possible de connaître la transcription de Tertius et dès lors, vous ne deviez pas prêter ?
Si la vente de Tertius contenait les noms des précédents

propriétaires le créancier s'est trouvé à même de savoir que Primus était dessaisi. Il y a eu faute de sa part, il est juste de la lui faire supporter. Que si au contraire, la vente transcrite ne contenait pas ces indications, il a été impossible au créancier d'en connaître l'existence, donc on ne doit pas pouvoir la lui opposer.

Cette distinction que fait M. Troplong, me paraît bien subtile. De plus elle est de pure fantaisie, car pour créer une distinction aussi formelle, il faudrait bien un texte quelconque. Enfin elle repose sur une base fausse car elle suppose que lors de la transcription d'une vente qui relate des mutations antérieures non transcrites, le conservateur met au nom de chacun des précédents propriétaires qu'il y trouve indiqués la note des mutations énoncée dans l'acte qu'on lui présente. Or, le conservateur ne fait rien de semblable et il ne doit même pas le faire, car qui lui garantit la sincérité et l'exactitude des mutations antérieures énoncées dans la vente transcrite.

M. Troplong insiste à l'appui de son système sur les frais qu'entraînerait pour un acquéreur l'obligation de transcrire les mutations antérieures. A ceci je répondrai deux choses : 1° Les frais de transcription ne sont pas considérables, 2° les mutations à transcrire ne seront pas ordinairement bien nombreuses. Car depuis 1855 presque toutes les ventes sont transcrites, et il n'y a pas à remonter bien entendu à celles qui ont été effectuées sous l'empire de la législation antérieure.

MM. Rivière et Huguet ne font pas la distinction que je viens de critiquer chez M. Troplong, et admettent qu'il suffit dans tous les cas de la transcription du titre du dernier

acquéreur. Toutefois ces auteurs n'émettent leur opinion qu'avec une grande réserve, et conviennent qu'elle
n'est pas à l'abri des attaques d'une logique basée sur les
principes généraux du droit : ils la fondent surtout sur
des raisons d'équité. En effet il peut sembler assez dur
au premier abord d'imposer à un acheteur l'obligation de
transcrire toutes les mutations antérieures, mais nous
avons déjà répondu sur ce point à M. Troplong et quant
à la considération d'équité, il nous semble qu'elle milite
aussi bien en faveur du créancier hypothécaire qu'en
faveur de l'aquéreur et nous croyons avoir démontré
que le système contraire amènerait souvent pour ce
dernier une véritable spoliation.

206. Nous savons qu'une inscription peut, en principe,
être utilement prise jusqu'à la transcription de l'acte
qui a fait sortir l'immeuble hypothéqué des mains du
débiteur. *Quid* si l'inscription et la transcription se présentent le même jour au bureau des hypothèques ? La
question n'est pas de nature à se présenter souvent ; toutefois nous avons vu nous même le cas se produire, et voici
la solution que nous avons cru pouvoir proposer.

Notons d'abord que nous n'avons aucun moyen légal
de savoir si c'est l'acte à transcrire, ou si c'est le bordereau à inscrire qui s'est présenté le premier au bureau
des hypothèques.

D'une part nous ne pouvons appliquer l'art 2147 qui,
supposant des créanciers inscrits le même jour, les fait
venir en concurrence. Dans notre espèce il ne saurait
y avoir une concurrence, une sorte de marc le franc entre
l'acquéreur et le créancier.

D'autre part nous ne pouvons nous baser sur les numéros du registre d'ordre, tenu par le conservateur, car l'esprit bien évident de l'art. 2147, est de ne pas autoriser ce genre de preuve, puisqu'il répute prises au même instant des inscriptions que le conservateur cependant certifie avoir été prise l'une le matin l'autre le soir. Si la loi proscrit cette preuve de l'antériorité d'une présentation de pièces sur une autre, *à fortiori* doit-elle proscrire la preuve par témoins ou par présomptions, bien plus incertaine et bien plus dangereuse que celle résultant des numéros du registre d'ordre.

Ainsi, il nous est impossible de savoir légalement si c'est la transcription qui a précédé l'inscription ou si c'est l'inverse. Le créancier n'a aucun moyen de prouver que son inscription a précédé la transcription de l'acquéreur. L'acquéreur n'a aucun moyen de faire la preuve contraire.

Donc nous devons décider pour celui qui se trouvera le défendeur à l'action intentée, et qui n'aura qu'à repousser la prétention de l'autre sans lui-même en élever aucune, c'est-à-dire pour l'acheteur. En effet si le créancier le poursuit par l'action hypothécaire il lui répondra: mais vous n'êtes pas inscrit; et ce sera là une fin de non recevoir pour laquelle lui-même n'a absolument aucun droit à établir, une fin de non recevoir que pourrait faire valoir le premier détenteur venu, abstraction faite de toute qualité d'acheteur ou de propriétaire. Ce serait bien là, si je ne me trompe, le cas d'appliquer les maximes : *in pari causa melior est conditio prohibentis vel possidentis. Actore non probante, reus absolvitur.*

M. Troplong (traité de la transcription N° 195), pense au
contraire qu'en pareil cas, il faudra consulter en première ligne les numéros du registre d'ordre, et en second
lieu les faits, circonstances et indices, pouvant servir à
éclairer la justice. Mais nous pensons avoir démontré
que ces preuves n'étaient pas admissibles, et que par conséquent l'opinion de M. Troplong doit être rejetée
(Comp, MM. Rivière et Huguet. Quest. XXVI. N° 202.
MM. Rivière et François n° 96. Aubry et Rau. II § .174
texte et notes 23 et 24. Dalloz Jurisp, génér. V° transcription n° 520. Arras. 5 juillet 1860.)

207. La loi du 33 mars 1855 à exempté diverses mutations de la nécessité de la transcription. Ainsi les mutations à cause de mort, ainsi les partages ou les actes qui en
tiennent lieu, tels que les licitations, les cessions de droits
successifs faites entre cohéritiers. Le motif de cette dispense a été le caractère particulier de ces mutations.
Quant aux mutations à cause de mort le motif est que la
personne du défunt continue de vivre pour ainsi dire dans
la personne de ceux qui lui succèdent, et quant aux partages, notre droit les a toujours considérés comme
simplement déclaratifs et non translatifs de propriété.

De plus ces deux classes de mutations n'offrent pas
pour les tiers les mêmes dangers que les mutations ordinaires, car en ce qui concerne l'héritier, le créancier a
contre lui les mêmes droits que contre son auteur, et en
ce qui concerne le co-partageant, les créanciers pui-
sent une sécurité suffisante dans le droit d'intervenir au
partage.

Toutefois dans le cas où l'immeuble hypothéqué

viendrait à faire l'objet d'un legs particulier le créancier pourrait courir certains dangers, car pour le suivre entre les mains du légataire, il faut qu'il se soit inscrit avant le décès du testateur, attendu que c'est ce décès qui, à lui seul, opère l'ensaisinement du légataire. De même en cas de partage il peut intervenir une cession de droits successifs au préjudice des créanciers d'un co-partageant, qui ne seraient pas intervenus au partage et si les créanciers n'établissent pas la fraude, ce qui est souvent très-difficile, ils perdront nécessairement leur gage et ce, alors même qu'ils auraient pris inscription sur la part indivise revenant à leur débiteur dans les immeubles de la succession. Or le décès du testateur qui ouvre le droit du légataire : celui de l'auteur commun qui ouvre le droit des héritiers sont des événements qui arrivent souvent à l'improviste et en vue desquels la loi aurait peut-être bien fait d'accorder quelque sûreté au créancier. Quoiqu'il en soit elle ne l'a pas fait, et si c'est une lacune, c'est la loi seule qui peut la combler.

208. De tout ce que nous venons de dire il résulte :

I. Que le créancier qui veut exercer contre un tiers détenteur la poursuite hypothécaire doit préalablement s'inscrire.

Cette règle ne comporte que trois exceptions en ce qui touche la femme, le mineur, l'interdit.

II. Que l'inscription peut-être prise par lui dans ce but jusqu'à la transcription de l'acte qui a fait sortir du patrimoine du débiteur l'immeuble affecté à sa créance.

Cette règle souffre deux exceptions :

1° Lorsque le débiteur est tombé en faillite;

2° Lorsque la succession n'a été acceptée que sous bénéfice d'inventaire.

Dans ces deux cas la faculté de s'inscrire souffre deux restrictions que nous examinerons plus tard, afin de ne scinder que le moins possible l'exposition des règles nouvelles posées par la loi de 1855.

Ces deux exceptions sont les seules qui reçoivent le principe, car nous n'avons pas à parler de la séparation des patrimoines qui, suivant nous (suprà n° 163) n'emporte pas droit de suite.

III. Que l'inscription ne peut plus être prise après la transcription de ce même acte.

209. Cette troisième règle reçoit deux exceptions en ce qui concerne : 1° le privilége du vendeur; 2° le privilége du co-partageant.

L'étude de ces exceptions est délicate et difficile : pour la rendre plus claire, nous distinguerons soigneusement en parlant de ces deux priviléges ce qui concerne le droit de préférence, dont nous n'avons pas à nous occuper d'avec ce qui concerne le droit de suite qui fait l'objet de notre étude.

Reprenons séparément chacune de ces exceptions.

Ire Exception. — Privilége du vendeur.

210. La position du vendeur n'ayant pas toujours été ce qu'elle est sous la législation actuelle, nous devons dire un mot de ce qu'elle a été auparavant.

Prenons d'abord une hypothèse à laquelle nous appliquerons les différents systèmes qui se sont succédés sur la matière.

Primus vend à Secundus un immeuble : le prix est resté
dû. Le lendemain, Secundus sans avoir transcrit revend
à Tertius. Quelle sera la position de Primus?

211. *Système du code Napoléon*. Primus qui, nous le
supposons, n'a pas eu le temps d'inscrire son privilége
avant que l'acquisition de Tertius ait acquis date certaine,
en est définitivement déchu. En revanche, il conserve
son action résolutoire pendant trente ans. On voit le
double inconvénient de ce système. D'une part, le vendeur peut-être dépouillé par une vente inopinée. —
D'autre part les tiers acquéreurs se trouvent pendant
trente ans sous le coup d'une action résolutoire dont
rien n'a pu leur faire soupçonner l'existence.

212. *Système du code de Procédure*. Le vendeur ne
peut plus être ainsi dépouillé : pour que son privilége
puisse être perdu, il faut que Tertius le sous-acquéreur
transcrive, et il a encore quinze jours pour s'inscrire
après cette transcription. Quant à l'action résolutoire,
même décision que sous le code Napoléon.

213. *Système de la loi du 23 Mars 1855*. Comme
cette loi constitue la législation actuelle nous devons
nous y arrêter plus longtemps.

D'après le projet de loi, le privilége du vendeur avait
été pour ainsi dire sacrifié; on exigeait de lui, comme de
tout autre créancier hypothécaire ou privilégié une inscription prise avant toute transcription faite par un sous-
acquéreur et cela non-seulement pour son privilége, mais
encore pour son action résolutoire. (art. 7) C'était lui enlever sans compensation le délai de quinzaine du code de
Procédure, et le ramener au régime du code Napoléon.

Cependant il était exposé plus que tout autre puisque il
était obligé de se dessaisir de sa chose avant que son privilége ne fut inscrit : car ce privilége ne peut être publié que lorsque la vente est déjà parfaite, et à ce moment
le vendeur est déjà dessaisi de la propriété. Or dans l'in_
tervalle entre le contrat de vente et la publication des
droits du vendeur, pouvait très-bien se placer une revente consentie par l'acquéreur, et une transcription
effectuée par les sous-acquéreurs.

En conséquence, sur la demande de la Commission et
après d'assez longs débats entre elle et le conseil d'État,
on convint d'accorder au vendeur 45 jours pour publier
son privilége à partir de la vente qu'il aurait consentie.

Voici ce que nous trouvons dans l'article 6 de la loi :

« *Néanmoins le vendeur (ou le co-partageant)* peuvent
« utilement inscrire les priviléges à eux conférés dans
« les 45 jours de l'acte de vente (ou de partage) nonobs-
« tant toute transcription d'actes faits dans ce délai. »

214. Remarquons que cet article 6 n'a aucunement
trait au droit de préférence du vendeur, lequel reste sous
l'empire du droit commun. Aussi le vendeur sera toujours
préféré aux créanciers de son acheteur, pourvu qu'il
s'inscrive avant la transcription de l'acte de revente consenti par ce dernier. En effet ce n'est que vis-à-vis de
tiers acquéreurs qu'est fixé le délai des 45 jours ainsi que
le prouvent ces expressions : « nonobstant toute *transcription* d'actes faits dans ce délai, vis-à-vis des créanciers qui prendraient des inscriptions. » Il a le délai de
droit commun, et pourvu qu'il s'inscrive dans ce délai, il
inscrira un privilége, c'est-à-dire un droit préférable aux

simples hypothèques. Tel est du moins l'état de la jurisprudence sur ce point, et nous nous bornons à ce rapide
exposé, puisqu'il s'agit du droit de préférence qui ne
rentre pas dans notre matière.

215. Revenons au droit de suite. A partir du jour ou
il a vendu, le vendeur a 45 jours pour publier son privilége, soit par une inscription directe, soit par la transcription de la vente, qui le plus souvent sera requise par
l'acquéreur.

Cette publication fut-elle faite le dernier jour du délai,
sera réputée faite le jour même de la vente : De sorte
que l'acquéreur aura beau revendre, et les sous-acquéreurs transcrire, toutes ces inscriptions seront réputées
tardives vis-à-vis du vendeur, dont le privilége suivra
l'immeuble vendu entre les mains des tiers acquéreurs.

Si au contraire le vendeur laisse passer les 45 jours
sans inscrire son privilége, il perd le bénéfice de la loi,
et rentre complétement dans le droit commun. En conséquence si une transcription intervient avant son inscription il perdra son droit de suite contre le tiers
acquéreur; ajoutons pour mémoire qu'il en sera de
même et de son droit de préférence contre les créanciers
de son vendeur et de son action résolutoire. (Loi du 28
mars 1855, Art. 7.)

IIe Exception. — Privilége du Co-partageant.

216. Nous pouvons au point de vue du droit de suite
appliquer au privilége du co-partageant ce que nous
avons dit relativement au privilége du vendeur : si nous

avons fait un paragraphe spécial pour ce qui le concerne, c'est parcequ'ici la distinction entre le droit de suite et le droit de préférence est un peu plus délicate, et doit être encore mieux précisée.

217. De la combinaison de l'art. 2109 C. N. avec l'article 6 de la loi du 25 mars 1855, il résulte :

1° Que dans les quarante-cinq jours de la date du partage, le cohéritier, pourvu qu'il prenne inscription dans ce délai, conserve son droit, soit contre des créanciers hypothécaires qui prendraient inscription, soit contre des tiers acquéreurs qui transcriraient. En d'autres termes la loi met à l'abri de toute atteinte, pendant ces 45 jours, soit son droit de suite, soit son droit de préférence.

2° Que dans l'intervalle qui s'écoule du 45° au 60° jour, le co-partageant n'est plus protégé contre un tiers acquéreur qui viendrait transcrire avant son inscription, mais que, pourvu qu'il prenne inscription le 60° jour, il conservera son privilége vis-à-vis même des créanciers hypothécaires qui se seraient inscrits avant lui. En d'autres termes il est encore privilégié quant au droit de préférence mais quant au droit de suite il est rentré dans le droit commun.

3° Qu'après les 60 jours, le co-partageant est complétement rentré dans le droit commun, tant au point de vue du droit de préférence qu'au point de vue du droit de suite.

218. Nous avons dit (suprà n° 208) que l'inscription d'un privilége ou d'une hypothèque pouvait en principe être utilement prise jusqu'à la transcription de l'acte qui

a fait sortir l'immeuble grevé du patrimoine du débiteur :
nous avons en même temps annoncé deux restrictions à
ce principe.

1° Pour le cas où le débiteur tombe en faillite ;

2° Pour le cas ou sa succession n'est acceptée que sous
bénéfice d'inventaire.

Étudions successivement ces deux restrictions.

Iʳᵉ Restriction. — Faillite du débiteur.

219. En droit civil la règle est que, *jura vigilantibus
succurrunt non dormientibus.* Dans le droit commercial,
c'est la règle inverse, et la loi protège surtout les absents.

Cette différence se comprend sans peine :

Les relations du droit civil ne sont pas en général bien
nombreuses, le plus souvent elles s'établissent entre voisins, chacun peut surveiller ses affaires, tant pis pour
l'individu s'il est négligent.

Mais dans le droit commercial, il en est tout autrement.
Un commerçant peut avoir des relations dans tous les
points du monde, et par le force même des choses, ces
relations sont excessivement nombreuses. Il lui est matériellement impossible de surveiller chacun de ses débiteurs. Aussi la loi les surveille pour lui.

Lorsqu'un commerçant est tombé en faillite, la loi veut
conserver l'égalité entre tous, elle ne veut pas que ceux
qui sont sur les lieux ou qui sont les premiers informés
puissent prendre des garanties au détriment des autres ;
en un mot, elle veut que chacun jette son épave dans le
naufrage commun.

C'est dans cet esprit que la loi a restreint la faculté de prendre inscription quand le débiteur est tombé en faillite. Comme cette restriction se rattache au droit commercial plutôt qu'au droit civil, nous nous bornerons à indiquer les principes sans entrer dans les détails.

220. Nous nous placerons successivement à deux époques. Après le jugement déclaratif, avant le jugement déclaratif.

221. *Après le jugement déclaratif.* Le principe est qu'aucune inscription ne peut être utilement prise, (C. N. art. 2146. C. Com. 148 nouveau : arg. 443 ancien).

Notons d'abord que ces deux articles se bornent à défendre au créancier de s'inscrire, que par conséquent ils sont inapplicables aux hypothèques légales dispensées d'inscription.

Remarquons en second lieu que le jugement déclaratif de faillite avec le cortége de déchéances et d'incapacité qui l'accompagne n'a pour but que de fixer d'une manière définitive les droits de tous les créanciers. La loi ne veut pas que l'un d'eux puisse rendre sa condition meilleure. Mais elle ne défend pas à chacun d'eux de conserver celle qu'il avait au moment du jugement. D'où nous conclurons avec la jurisprudence :

1º Que le jugement déclaratif de faillite n'empêche point un créancier de renouveler, pour l'empêcher de tomber en péremption une inscription utilement prise, et qu'elle ne l'empêche même pas de prendre une inscription nouvelle pour les intérêts de sa créance.

2º Que le délai d'un an accordé par l'art 8 de la loi

de 1855 au mineur, à la femme et à l'interdit, pour inscrire leur hypothèque, n'est pas interrompu par la faillite du débiteur.

En revanche il n'existe pas d'autres exceptions et la déchéance frappe les priviléges aussi bien que les hypothèques, même le privilége du vendeur, du co-partageant ou de l'architecte, à moins toutefois pour ce dernier qu'il ne puisse être considéré comme créancier de la masse.

Ainsi, en principe, la déclaration de faillite purge les immeubles du failli de tous les priviléges ou hypothèques non encore inscrits, et éteint ainsi le droit de suite à l'égard des créanciers qui en étaient nantis.

222. *Avant le jugement déclaratif.* D'après l'art. 2146 C. N. et 443 (ancien) C. Com. combinés, il était absolument interdit au créancier d'un failli, de prendre inscription depuis la cessation de paiement et dans les dix jours qui l'avaient précédée.

La nouvelle loi sur les faillites (loi de 1838, art. 448 nouveau) a adouci ce que cette prohibition avait de trop rigoureux. Cette loi distingue trois époques : 1° après le jugement déclaratif, l'inscription est absolument nulle; c'est l'hypothèse que nous examinions tout à l'heure. 2° Avant les dix jours qui ont précédé la cessation des paiements l'inscription peut toujours être utilement prise. Enfin 3° depuis la cessation du paiement et les dix jours qui l'ont précédée il y a une sous-distinction à faire. L'inscription est-elle prise moins de quinze jours après l'acte constitutif du privilége ou de l'hypothèque, elle est toujours valable. (Nous supposons bien entendu que l'acte constitutif est valable lui-même.) Est-elle prise au contraire plus de quinze jours après cet acte, elle peut être annulée. Le juge a à cet égard un pouvoir discrétionnaire, il doit se décider d'après les circonstances particulières de la cause. (C. Com. 448 nouveau.)

II° Restriction. — Acceptation bénéficiaire

de la succession du débiteur.

223. Quand la succession du débiteur n'est acceptée que sous bénéfice d'inventaire, il y a tout lieu de supposer qu'elle est mauvaise et que tous les créanciers ne seront pas intégralement payés. Il y a donc pour ces créanciers une position assez analogue à celle des créanciers d'un failli, aussi la loi a-t-elle sur le point spécial qui nous occupe, édicté pour les uns et les autres une disposition à peu près semblable.

224. L'art. 2146 après avoir dit que les inscriptions ne produisent aucun effet si elles sont prises dans le délai pendant lequel les actes faits avant l'ouverture de la faillite sont déclarés nuls, ajoute :

« Il en est de même, entre les créanciers d'une succes-
« sion, si l'inscription n'a été prise par l'un d'eux, que
« depuis l'ouverture, et dans le cas où la succession n'est
« acceptée que par bénéfice d'inventaire. »

225. Toutefois cette restriction n'intéresse que le droit

de préférence, ainsi que le prouvent ces mots : *entre les créanciers d'une succession*. Elle n'intéresse pas le droit de suite, en effet relativement à ce dernier droit, il ne peut se présenter dans l'espèce que deux hypothèses. Ou bien il s'agira d'immeubles hypothéqués dont le défunt était tiers détenteur. Ou bien d'immeubles hypothéqués par le défunt, et qu'un tiers détenteur possède. Dans le premier cas, l'inscrivant n'est pas le créancier de la succession ; il la poursuit comme tiers détentrice. Il n'a rien à démêler avec les autres créanciers, et par conséquent il ne saurait être atteint par la prohibition qui ne s'applique qu'entre créanciers.

Dans le second cas, l'inscrivant ne nuit qu'au tiers détenteur, il ne cause aucun préjudice à ses co-créanciers. Donc ceux-ci n'ont aucun intérêt à demander la nullité de l'inscription. Quand au tiers détenteur, il aurait sans doute grand intérêt à le faire, mais il n'a pas qualité pour cela, car la rédaction de l'art. 2146 indique bien claire-ment que cette nullité ne peut être invoquée que par les autres créanciers de la succession. D'ailleurs interdire une pareille inscription, ce serait empêcher les créanciers de poursuivre entre les mains des tiers déten-teurs, les immeubles affectés à leurs créances, et appau-vrir en définitive sans aucun avantage, la succession bénéficiaire, gage commun de tous les créanciers.

226. Dans notre ancien droit français, le créancier devait encore avant d'exercer la poursuite hypothécaire proprement dite, assigner le tiers détenteur pour faire reconnaître en justice l'existence de son hypothèque.

Aujourd'hui que l'hypothèque est publique, ce préliminaire n'a plus aucune utilité, aussi non-seulement il
n'est prescrit par aucun article mais encore il a été jugé
(Cass. 27 avril 1812,) qu'il constituerait une procédure
frustratoire.

———————

CHAPITRE III

DE L'EXERCICE DU DROIT DE SUITE AU POINT DE VUE

DES CRÉANCIERS HYPOTHÉCAIRES.

227. Sous ce chapitre, nous étudierons les trois questions suivantes, qui feront l'objet chacune d'un paragraphe séparé.

1° Contre qui s'exerce le droit de suite ;

2° Sur quoi il s'exerce ;

3° Comment et par quelles formalités il est exercé.

I. — Contre qui s'exerce le droit de suite.

228. Aux termes de l'article 2146 C. N. le créancier
privilégié ou hypothécaire inscrit sur un immeuble le
suit *en quelques mains qu'il passe.*

Ainsi le droit de suite peut être exercé contre quiconque
possède l'immeuble hypothéqué. C'est avec intention que
nous disons *possède* et non pas *détient.* Un immeuble
peut fort bien être détenu par une personne et possédé
par une autre ; et dans ce cas l'action hypothécaire doit
être dirigée non contre celui qui n'en a que la détention

physique et matérielle, mais bien contre celui qui en a
la possession juridique. Nous trouvons cette règle très-
clairement formulée et expliquée dans Pothier. (Hyp.
ch. 2, section 5. Art. 1.)

« Le détenteur, dit-il, contre qui doit s'exercer
« cette action est celui qui possède comme proprié-
« taire, *animo domini*, soit qu'il le soit effectivement,
« soit qu'il se déclare tel. »

« Si la demande avait été donnée contre un fermier
« ou locataire que le demandeur aurait trouvé en pos-
« session de l'héritage, ce fermier ou locataire doit être
« renvoyé de la demande en indiquant le nom de celui
« de qui il tient à ferme ou à loyer, car ce n'est
« pas proprement le fermier ou locataire qui est le
« possesseur: C'est celui de qui il tient à ferme ou à
« loyer, qui possède par lui : *possidemus per colonos*
« *nostros aut inquilinos.* »

229. Nous examinerons successivement les diverses
catégories de détenteurs pour leur faire l'application du
principe que nous venons de voir posé par Pothier.
Commençons par mettre hors de cause celui qui a constitué l'hypothèque : vis-à-vis de lui on agit simplement
par la saisie immobilière et les poursuites à diriger
contre lui n'ont aucun rapport avec le droit de de suite
qui suppose toujours un conflit entre le créancier hypothécaire et un tiers détenteur.

230. La poursuite hypothécaire peut être exercée:
1° Contre celui qui possède à titre de propriétaire.
Peu importe le titre en vertu duquel il possède : que ce
soit en vertu d'une vente, d'un échange, d'une donation,

d'un legs.... le créancier n'a pas à s'en inquiéter: l'immeuble frappé de son hypothèque ne passe d'un propriétaire à un autre que *cum sua causa*, et comme en
vertu de son droit réel, il est en relation immédiate et
directe avec la chose, il n'a pas à s'occuper de celui
qui la détient.

231. Cette décision s'applique même au cas où le détenteur serait devenu propriétaire par usucapion pourvu
qu'il n'ait pas également prescrit contre l'action hypothécaire, situation qui peut fort bien se présenter, car la
prescription des hypothèques peut avoir été interrompue,
pendant que l'usucapion de la propriété ne l'aura pas été.

De plus la prescription de l'hypothèque par 10 et 20
ans exige toujours la transcription du titre (Art. 2180, 4°)
tandis que la prescription de la propriété n'exigeait
certainement pas cette condition avant la loi de 1855, et
que même depuis cette loi des auteurs fort graves pensent
qu'elle n'est pas devenue nécessaire. (V. notamment
MM Rivière et Huguet, questions sur la transcription
n° 239.). Le détenteur se trouvera dans une position analogue à celle du détenteur Romain qui était devenu propriétaire par usucapion, mais qui ne pouvait pas opposer la *prescriptio longi temporis*.

232. 2° Contre celui qui possède à titre d'usufruitier;
seulement il faudra, dans ce cas, que le créancier ait
hypothèque sur la pleine propriété, car si l'hypothèque
ne frappait que sur la nue-propriété, l'action hypothécaire ne pourrait pas être exercée contre l'usufruitier,
puisque dans ce cas ce dernier ne détiendrait aucune portion de la chose hypothéquée. Mais quand l'hypothèque

frappe sur l'usufruit, que ce soit un *ususfructus causalis*, ou un *ususfructus formalis* pour employer l'expression des vieux interprètes, rien n'empêche que l'usufruitier soit poursuivi hypothécairement, (art. 2118.).

233. 3° Contre celui qui a acquis un droit de servitude sur l'immeuble hypothéqué. Seulement cette hypothèse présente quelques complications et donne lieu à des controverses; nous serons donc obligés d'entrer dans quelques détails.

D'une part il est bien certain qu'une fois l'hypothèque constituée et inscrite, il n'est plus au pouvoir du débiteur de diminuer le gage qu'il a ainsi donné, et que les actes qui pourraient avoir cet effet ne sauraient être opposés aux créanciers antérieurement inscrits. Or, une constitution de servitude peut diminuer d'une manière considérable la valeur de l'immeuble sur lequel elle est concédée. Si j'ai par exemple un terrain à bâtir, ne valant que pour cette destination, et que je concède sur ce terrain une servitude de passage, ou mieux une servitude *non ædificandi*, voilà mon terrain qui devient absolument sans valeur, et si un pareil acte pouvait être opposé à un créancier hypothécaire, ce serait une véritable spoliation.

D'autre part, on ne voit pas très-bien au premier abord comment le droit de suite pourrait s'exercer en pareille matière. La poursuite hypothécaire commence ainsi que nous le verrons bientôt, par une sommation de payer ou de délaisser, laquelle est pour le tiers détenteur une mise en demeure de purger. Or, comment le tiers acquéreur purgerait-il? Le prix de son acquisition sera

ordinairement minime et si les créanciers voulaient faire
une surenchère comment s'y prendront-ils ? Comment
faire mettre aux enchères une servitude qui la plupart
du temps ne pourra servir qu'à un seul héritage voisin?

En présence des difficultés qui se présentent de part
et d'autre, on comprend que la doctrine ait hésité.
M. Troplong refuse au créancier le droit de suite que lui
accordent MM. Delvincourt, Persil, Dallos.

Pour nous, nous pensons que le droit de suite pourra
être exercé, non pas en ce sens que le créancier pourra
mettre celui qui a acquis la servitude en demeure de
purger, de payer ou de délaisser, ou faire vendre la servitude aux enchères ce qui serait impraticable, mais en
ce sens qu'il pourra, en requérant la mise en adjudication
de l'immeuble hypothéqué insérer au cahier des charges,
une clause portant que l'immeuble sera vendu franc
et quitte de toutes servitudes.

234. 4° Celui qui possède en vertu d'un droit de superficie (Comp. Paul. Loi 16. §. 2. Dig. de pign. act.)

•235. 5° Celui qui possède en vertu d'un droit d'em-
phytéose. (V. même loi 16. § 2.

Ces deux derniers détenteurs possèdent en effet pour
eux-mêmes; ils ont la possession juridique : en outre ils
jouissent l'un et l'autre de la faculté de purger et de la faculté de délaisser. La solution pourrait être plus controversée
pour l'emphytéote, que quelques auteurs considèrent
comme un simple fermier ou locataire, investi seulement
d'un droit personnel : Mais il est à peu près admis
aujourd'hui, soit en doctrine, soit en jurisprudence, que

10

l'emphytéote est investi d'un véritable droit réel.

236. 6° Celui qui possède à titre d'antichrèse. Rappelons d'abord que si l'antichrèse a été transcrite (loi du 28 mars 1855) avant l'inscription prise par le créancier poursuivant, celui-ci ne peut forcer l'antichrésiste au déguerpissement qu'à la charge de le désintéresser; ou du moins que ce dernier, en cas d'expropriation de l'immeuble antichrésé, peut faire insérer au cahier des charges, une clause portant que l'acquéreur avant d'entrer en jouissance sera tenu de lui payer le montant de la somme pour laquelle l'antichrèse a été consentie, et en outre de le laisser jouir pendant le temps fixé par le contrat.

237. Si au contraire l'antichrésiste n'a pas transcrit, ou s'il ne l'a fait que postérieurement aux inscriptions prises par les créanciers, il sera soumis sans aucun dédommagement à l'action hypothécaire, et obligé de déguerpir, sauf s'il a lui-même quelque privilége ou hypothèque à le faire valoir dans l'ordre qui s'ouvrira sur le prix de l'adjudication. L'antichrèse en effet ne peut nuire aux droits des créanciers sur le *fonds* de l'immeuble antichrésé. L'antichrésiste n'a droit qu'aux fruits et ce droit lui-même n'est opposable aux créanciers que lorsqu'il a été légalement conservé, c'est-à-dire lorsqu'il a été transcrit avant les inscriptions. (Loi du 23 mars 1855, combinée avec les articles 2087 et 2091 du code Napoléon.)

238. Telle est la distinction qui me semble ressortir des textes. Avant la loi de 1855 on soutenait (Voir

M. Troplong, des Priv. et hyp. N° 778.) que l'antichrésiste pourrait toujours être expulsé par les créanciers
hypothécaires, et qu'il perdait son droit aux fruits, du
jour où ces fruits se trouvaient immobilisés par la procédure de saisie immobilière. Je crois que cette opinion
ne peut plus guère être soutenue aujourd'hui. Quelle
serait alors en effet l'utilité de la transcription imposée à
l'antichrésiste si son droit ne devait jamais être opposable aux créanciers hypothécaires ? D'ailleurs on ne voit
pas pourquoi l'antichrésiste serait traité plus défavorable-
ment que le fermier, qui peut très-bien opposer son bail,
sous certaines conditions toutefois, aux créanciers hypothécaires ou privilégiés. (MM. Aubry et Rau T. 3. § 428.)

239. Toutefois l'antichrésiste se trouve dans une position assez singulière: pour être à l'abri d'une expulsion, il
faut que la transcription de son droit prime les inscriptions de tous les créanciers. En effet si un seul créancier
peut le forcer au déguerpissement et faire vendre l'immeuble antichrésé, ce déguerpissement par la force même
des choses, profitera aux autres créanciers, l'antichrésiste n'ayant à raison de son contrat aucun droit de préférence sur l'immeuble qu'il détient. Aussi dans cette
hypothèse aurait-il intérêt le plus souvent à désintéresser
le créancier inscrit avant lui, afin de n'avoir plus affaire
qu'avec les créanciers postérieurs auxquels il pourrait
opposer son titre.

240. Nous venons de voir quels sont les tiers détenteurs
soumis au droit de suite. Voyons maintenant quels sont
ceux qui n'y sont point soumis.

241. Le principe est que, ne sont point soumis au droit de suite ceux qui n'ont pas la possession juridique de l'immeuble hypothéqué, qui ne le détiennent pas pour eux-mêmes et *animo domini* mais pour un autre qui pos. sède par eux.

Ainsi la poursuite hypothécaire ne peut être exercée :

242. 1° Contre celui qui possède à titre de séquestre juriciaire ou conventionnel. Sur ce point aucune difficulté ne saurait s'élever. Il ne peut être tenu qu'à désigner l'individu ou les individus pour le compte desquels il détient.

243. 2° Contre le fermier ou locataire. De même que le séquestre, le fermier ou locataire ne possède pas pour lui-même mais pour autrui, et il ne peut également être tenu à autre chose qu'à indiquer au créancier poursuivant le nom de son bailleur.

244. Toutefois il peut s'élever des conflits entre le créancier hypothécaire et le fermier. Le droit de suite est exercé, l'immeuble hypothéqué mis en vente. Mais le fermier vient dire : « J'ai un bail pour tant d'années et j'en
« tends que l'adjudicataire n'entre en jouissance qu'après
« l'expiration du nombre d'années de bail qu'il me reste
« encore à accomplir. »

D'une part il est bien certain que si nous donnons gain de cause au fermier, les créanciers peuvent éprouver un préjudice considérable, car tout le monde sait qu'un bail de longue durée déprécie toujours une propriété, de telle sorte que permettre au débiteur de consentir des baux illimités opposables à ses créanciers, c'est lui permettre de diminuer le gage de ces derniers.

D'autre part, donner gain de cause au créancier, décider que le bail de l'immeuble hypothéqué cessera en cas de poursuite hypothécaire au jour de l'adjudication, c'est mettre le débiteur dans l'impossibilité de trouver un fermier, car quel est celui qui voudra s'exposer à être expulsé du jour au lendemain, au beau milieu de son exploitation.

245. Le code Napoléon avait gardé le silence sur ce conflit. Aussi s'était-il élevé des controverses dans la doctrine et dans la jurisprudence. Les uns (notamment M. Troplong Priv. et hyp. n° 777) pensaient que les baux pourvu qu'ils eussent date certaine avant le commandement préalable à la saisie immobilière. (C. Proc. 684.) pouvaient être opposés aux créanciers pour toute leur durée quelle qu'elle fût. Les autres pensaient au contraire que le bail ne pouvait être opposé aux créanciers qu'autant qu'il avait le caractère d'un acte de pure administration, c'est-à-dire quand il ne dépassait pas le terme de neuf ans fixé par les articles 481, 595 et 1429. C. N. Au delà de cette durée ils considéraient le bail comme une aliénation de partie de la chose, non opposable aux créanciers inscrits avant cette aliénation.

246. La loi du 23 mars 1855. art. 2 est venue trancher cette difficulté. Elle regarde comme un acte de simple administration le bail consenti pour moins de 18 ans, en conséquence elle le déclare opposable aux créanciers sans autre condition que celle d'une date certaine acquise avant le commandement à fin de saisie immobilière (arg. 684 C. Pr. et art. 2 loi de 1855 combinés.

Au contraire le bail dépasse-t-il dix-huit ans, la loi le

regarde comme un acte d'aliénation et elle le traite comme tel. En conséquence :

Si le bail de plus de dix-huit ans est transcrit avant les inscriptions prises par les créanciers, il leur sera opposable comme le serait un acte d'aliénation qui aurait été transcrit à la même époque, et ils devront le souffrir pour toute sa durée. Ils seraient mals fondés, du reste, à venir s'en plaindre, car lorsqu'ils ont traité avec le débiteur, ils ont été parfaitement mis à même de s'assurer de l'existence du bail.

Si au contraire le bail de 18 ans n'a pas été transcrit ou ne l'a été que postérieurement aux inscriptions prises par les créanciers, il n'est opposable à ces derniers que pour une durée de dix-huit ans, à compter du jour où les fruits de l'immeuble saisi sont immobilisés. Rappelons aussi que si le bail n'a pas acquis date certaine au moment du commandement à fin de saisie immobilière, il pourra être annulé sur la demande des créanciers (684 Pr.) La loi se sert de l'expression « pourront être annulés », ce qui donne au juge un pouvoir discrétionnaire pour annuler ou maintenir le bail, suivant les circonstances.

247. *Quid*; si le bail de dix-huit ans ou au dessous, a été renouvelé assez longtemps avant son expiration de manière qu'au moment des poursuites en expropriation il reste encore au fermier plus de dix-huit ans à jouir? Ce qui fait la difficulté de la question, c'est que la loi de 1855 n'a pas fixé de délai pour le renouvellement des baux, de sorte qu'on pourrait soutenir que le débiteur qui vient de consentir un bail de dix-huit ans, a le droit de renouveler ce bail pour dix-huit autres années, et

cela même dans le courant de la première année du premier bail, tellement que si une saisie immobilière survenait immédiatement, les créanciers seraient obligés de subir un bail de 36 ans. Telle est en principe l'opinion de M. Troplong (Traité de la transcription N° 117.) Seulement pour atténuer ce qu'aurait de désastreux pour les créanciers, la décision à laquelle il s'arrête, il admet ces derniers à prouver la fraude, et à demander de ce chef l'annulation du renouvellement. Sans doute en pareil cas il y aura de fortes présomptions de fraude, mais il y a loin d'une présomption à une preuve, et il arrivera souvent que la fraude ne pourra pas être démontrée, et dans ce cas les créanciers se trouveront exposés à subir une durée considérable de bail, et à voir ainsi diminuer dans une mesure énorme la valeur de leur gage.

Pour nous, il nous semble qu'on doit appliquer au moins par analogie la disposition contenue en l'art. 1430 C. Nap. Si le bail de 18 ans a été renouvelé plus de trois ans avant son expiration, s'il s'agit de bail de biens ruraux, plus de deux ans s'il s'agit de maisons, le nouveau bail ne pourra être opposé aux créanciers inscrits, à moins qu'au moment de la transcription de la saisie, il ne soit déjà en cours d'exécution. Dans ce système, la plus longue durée du bail que les créanciers seraient obligés de subir serait de 21 ans.

On peut objecter à ceci que l'art. 1430 C. Nap. se réfère à une tout autre hypothèse que la loi de 1855. A cela je réponds que l'art 1430 a pour but de répondre à cette question : A quelle époque un renouvellement de bail doit-il être fait pour avoir le caractère d'un acte d'administration ?

Or, la loi ne permet au débiteur de faire au préjudice de ses créanciers hypothécaires inscrits que des actes d'administration, ils ne peuvent pas plus être atteints par des actes de disposition émanés de leur débiteur que la femme, le mineur ou l'interdit par des actes de même nature émanés de leur tuteur ou mari. Dès lors la question étant la même dans les deux hypothèses je ne vois aucun motif pour que la réponse soit différente.

248. Lorsqu'un bail de plus de 18 ans a été transcrit de manière à pouvoir être opposé aux créanciers hypothécaires, la cession de ce bail faite par le titulaire à un tiers n'a pas besoin d'être transcrite pour leur être également opposable, puisqu'il importe peu aux créanciers que ce soit tel individu ou tel autre qui soit le titulaire du bail, et qu'en second lieu le cessionnaire peut opposer aux tiers tous les droits qui appartiennent à son cédant (MM. Rivière et Huguet n° 150.)

249. La loi de 1855, a encore tranché une difficulté qui pouvait s'élever entre le créancier hypothécaire et le fermier à raison des paiements anticipés que ce dernier pourrait avoir fait entre les mains du propriétaire. Elle décide que les paiements anticipés ne peuvent être opposés aux créanciers que pour une durée de trois ans, à moins que l'acte ou le jugement qui les constate n'ait été transcrit antérieurement à leur inscription. Cette question ne se rattachant qu'indirectement à cette matière, nous nous bornons à indiquer la décision, sans entrer dans l'examen des difficultés qu'elle soulève.

II. — Sur quoi s'exerce le droit de suite.

250. Le droit de suite s'exerce sur tout ce qui a été hypothéqué. Le plus souvent ce sera sur la pleine propriété :

D'autre fois, mais plus rarement ce sera sur l'usufruit.

251. Prenons d'abord la pleine propriété.

Nous savons que les immeubles seuls sont susceptibles d'hypothèque (art. 2118). Quant aux meubles, ils n'en sont point susceptibles, et ne peuvent être grevés par convention (sauf le cas d'impignoration) ni d'un droit de préférence, ni d'un droit de suite. C'est ce qu'a voulu dire l'art. 2119 en ces termes : « Les meubles n'ont point de suite par hypothèque. » Évidemment l'expression dont la loi s'est servie est inexacte, parce qu'il semblerait à l'entendre que les meubles seraient susceptibles d'être grevés d'un droit de préférence, tandis qu'il est bien certain que, dans la terminologie du code, les meubles ne sont pas susceptibles d'être hypothéqués.

Toutefois si, négligeant les termes, nous allons au fond des choses, il nous semble bien que le privilége du créancier gagiste, se rapproche beaucoup plus de l'hypothèque que du privilége proprement dit; car la loi définit le privilége (art. 2095), « un droit que la qualité « de la créance donne à un créancier d'être préféré aux « autres créanciers, » et ce n'est certainement pas la qualité de la créance qui constitue le privilége du créancier gagiste. Aussi pourrait-on peut-être expliquer l'art.

2110 en l'appliquant à l'impignoration qui est une sorte d'hypothèque donnant naissance au droit de préférence, sans toutefois engendrer droit de suite.

Je crois bien cependant que telle n'a pas été l'intention des rédacteurs du code, et qu'ils ont simplement rendu d'une manière inexacte la pensée qu'ils voulaient exprimer. L'article 2110 ne fait en effet que reproduire l'art. 170 de la coutume de Paris, et sous l'empire de cette coutume les meubles ne pouvaient être grevés par hypothèque ni d'un droit de suite, ni d'un droit de préférence. Mais dans la coutume de Normandie, la maxime qui était rédigée de même n'avait pas la même signification : les meubles dans cette coutume pouvaient être hypothéqués quant au droit de préférence sans pouvoir l'être quant au droit de suite. Les rédacteurs ont reproduit la maxime sans remarquer qu'elle ne concordait plus avec le système hypothécaire qu'ils établissaient. Comp. Cout. d'Auvergne T. 24 art. 52. « Meuble n'a pas « de suite quant au droit d'hypothèque par la coutume « du pays. » C'était du reste une coutume générale : Bourbonnais 116. Manche 308. Berry T. 0 art. 0 etc.

Ainsi un meuble, en tant que meuble ne peut être soumis à l'hypothèque. Mais il est certains meubles qui, par leur adjonction, leur incorporation physique ou juridique à un immeuble, deviennent des immeubles par destination. Prenons un des exemples qui se présentent le plus souvent dans la pratique : celui d'un cheptel attaché à une exploitation agricole. (C. N. art. 524) Tant que les animaux qui le composent restent attachés à l'exploitation, ils sont immeubles même considérés individuellement; et en cas d'expropriation du fonds auquel ils sont attachés ils sont saisis et vendus comme lui, et leur prix se distribue par rang d'hypothèque entre les créanciers comme celui du fonds avec lequel il est le plus souvent confondu.

Mais lorsque, par le fait du propriétaire, l'incorporation des animaux avec le domaine vient à cesser, quand il les vend et les livre : les créanciers hypothécaires ne peuvent les saisir entre les mains des tiers acquéreurs et cela pour deux raisons.

La première c'est que ces animaux, par leur séparation d'avec l'immeuble dont ils n'étaient primitivement qu'un accessoire, sont devenus des meubles et que les meubles n'ont pas de suite par hypothèque.

La deuxième c'est que le droit de gage ne saurait être plus énergiquement protégé que la propriété elle-même; et qu'en matière de meubles le droit de propriété se trouve éteint par l'effet de l'usucapion instantanée établie par l'art. 2270. Cette dernière hypothèse pourrait encore d'après quelques auteurs, expliquer dans une certaine mesure les expressions de l'art. 2110, puisque nous voyons des objets meubles de leur nature, être frappés d'un droit de préférence sans pouvoir être atteints par le droit de suite. Toutefois je ne crois pas que la pensée des rédacteurs du code se soit portée sur cette hypothèse, d'autant plus que les meubles dont nous parlons ne sont jamais frappés du droit de préférence que comme étant immeubles par destination et que, tant qu'ils conservent leur nature d'immeubles par destination, ils sont aussi parfaitement susceptibles du droit de suite. Personne ne

doute en effet qu'en cas de vente d'un domaine garni de
ses capitaux, le créancier hypothécaire ne puisse saisir
entre les mains du tiers acquéreur le cheptel avec le
domaine. D'autre part lorsque la destination immobilière
a cessé, et que les objets dont nous parlons sont rede-
venus des meubles, ils n'échappent pas moins au droit
de préférence qu'au droit de suite. (Cass. 9 août 1825.
MM. Troplong, Aubry et Rau sur Zacharie, T. II. § 259.)

252. Lorsque la pleine propriété a été hypothéquée,
le créancier peut, avons-nous dit, saisir entre les mains
des tiers détenteurs cette pleine propriété, sans être tenu
de respecter les actes par lesquels, depuis l'inscription
prise, le débiteur l'aurait amoindrie ou démembrée. Ainsi
il peut requérir la mise aux enchères de cette propriété
pleine, et faire insérer au cahier des charges, une clause
portant que l'adjudicataire prendra l'immeuble vendu
franc et quitte de toutes charges et servitudes créées par
le débiteur. C'est la solution que nous avons donnée
déjà en ce qui concerne les servitudes (N° 283.) Nous la
donnerons également en ce qui concerne l'usufruit, le
droit de superficie, l'usage, l'habitation. Seulement il y a
entre ces différents droits la différence suivante que l'on
a sans doute déjà remarquée : celui qui a une servitude
sur un immeuble n'est pas un détenteur de cet immeuble,
ou même d'une partie quelconque de cet immeuble, d'où
l'impossibilité d'agir directement contre lui par l'action
hypothécaire, et la nécessité d'agir comme nous venons
de l'indiquer. Au contraire l'usufruitier, le superficiaire,
l'habitant, souvent aussi l'usager, détiennent corporelle-
ment l'immeuble sur lequel porte leur droit. En exerçant

leur droit réel sur cet immeuble, ils le possèdent jusqu'à un certain point pour eux-mêmes ; ils en ont une possession juridique qui les rend passibles de l'action hypothécaire directe. Enfin ils peuvent parfaitement, tout comme un détenteur de la pleine propriété, purger ou délaisser.

252. Passons maintenant au cas où c'est un usufruit immobilier qui a été hypothéqué (2118 2°)

Dans ce cas, le créancier pourra saisir et faire vendre cet usufruit, qu'il soit encore sur la tête du constituant, ou qu'il ait été aliéné par lui, et l'adjudicataire sera mis au lieu et place de l'usufruitier exproprié. Inutile de dire que ce ne sera pas un nouvel usufruit qui sera constitué sur la tête de l'adjudicataire, et que cet usufruit cessera avec la vie de l'usufruitier primitif, où, plus exactement avec le terme primitivement assigné à l'usufruit adjugé.

III. — Comment s'exerce le droit de suite ?

254. Dans le droit Romain le créancier hypothécaire qui veut être payé sur le prix de la chose hypothéquée s'y prend de la manière suivante :

La procédure qu'il suit a deux phases :

1re Phase. — Il s'agit tout d'abord pour lui de se mettre en possession de cette chose, et il y arrive au moyen des actions et autres voies de droit que nous avons indiquées dans la première partie de cette étude.

2me Phase. — Une fois en possession de la chose hypothéquée, le créancier la vend et la livre (avec des formalités qui ont varié suivant les époques,) et il en touche le prix sur lequel il commence par se payer.

Ainsi en droit Romain, le créancier n'a besoin de recourir à la puissance publique que pour se procurer la possession de la chose engagée, et seulement dans le cas où elle lui est contestée. Mais une fois en possession, il est pour ainsi dire le maître de cette chose, il la vend et la livre à qui bon lui semble, du moins dans le droit classique, sans enchères et sans publicité.

255. Dans notre droit français, la marche n'est plus du tout la même, la puissance publique intervient ici dans toutes les phases, nous en distinguerons trois principales :

1re Phase. — Il s'agit de mettre l'immeuble hypothéqué non plus en la possession du créancier mais sous la main de justice. Pour cette première phase la procédure varie suivant que l'immeuble hypothéqué se trouve en la possession du débiteur lui-même, ou d'un tiers détenteur, et c'est dans ce dernier cas qu'elle est l'exercice du droit de suite, Elle se termine à la transcription de la saisie par laquelle l'immeuble est placé définitivement et *ergà omnes* sous la main de justice.

2me Phase. — Il s'agit de réaliser le gage, et de le convertir en argent. Cette opération n'est plus, comme dans le droit Romain, livrée à l'arbitraire du créancier : elle s'accomplit sous l'œil de la justice, publiquement, aux enchères, et c'est le tribunal qui proclame adjudicataire celui qui a offert le prix le plus considérable; cette phase se termine au jugement d'adjudication.

3me Phase. — Une fois le gage réalisé, il s'agit de distribuer entre les créanciers les sommes qu'il a produites. En droit Romain, le créancier qui avait vendu se payait de ses propres mains, sauf s'il restait encore quelque chose après lui, à en rendre compte par l'action *pigneratitia directa*, soit aux créanciers postérieurs, soit au débiteur lui-même. Dans notre droit au contraire c'est la justice qui distribue le prix entre les créanciers, et chacun d'eux ne touche que la somme qui lui est allouée.

Tel est dans notre droit l'ensemble des mesures au moyen desquelles un créancier hypothécaire arrive à réaliser son droit, c'est-à-dire à se faire payer ce qui lui est dû, sur l'immeuble hypothéqué. Nous n'avons pas à étudier en entier les trois phases que nous venons d'indiquer : nous traiterons seulement dans chacune d'elles les particularités spéciales au cas où l'immeuble est saisi sur un tiers détenteur. Nous n'avons pas en effet à nous occuper de la saisie immobilière, ni des ordres, mais seulement du droit de suite qui suppose nécessairement un conflit entre un créancier hyypothécaire d'une part et un tiers détenteur de l'autre.

256. Ainsi que nous l'avons indiqué en commençant ce chapitre nous nous placerons ici exclusivement au point de vue du créancier qui agit, et comme nous traiterons spécialement dans le chapitre suivant de la position du débiteur soumis au droit de suite, nous ne parlerons ici des droits de ce dernier qu'autant que cela sera nécessaire pour expliquer les droits du créancier et la manière dont ils s'exercent.

257. Nous allons exposer maintenant avec quelques détails, la marche de la procédure dont nous venons de donner un aperçu sommaire.

Nous avons vu dans le chapitre précédent quelles sont

les précautions que doit prendre le créancier hypothécaire avant d'exercer le droit de suite, Nous le supposons donc parfaitement en règle, et nous le prendrons
au moment où il commence à entrer en relation avec le
tiers détenteur.

258. 1° Le premier acte de la procédure ne s'adresse
cependant pas au tiers détenteur. C'est un commandement adressé au débiteur personnel. (Art. 2169.) Nous
disons *le débiteur personnel*, et non pas *le débiteur ori-*
ginaire comme l'article : expression vicieuse car elle suppose une succession de débiteurs qui n'existe pas, et
ne fait pas ressortir suffisamment la différence qui existe
entre le débiteur tenu personnellement et le débiteur
hypothécaire qui n'est tenu que *propter rem*.

Ce commandement est utile aussi bien au débiteur
hypothécaire qu'au débiteur personnel. Au premier, parce
qu'il est possible que la dette soit payée par celui qui
l'a contractée ; au second parce qu'il est averti que le
tiers détenteur va être poursuivi, et que fort probablement il se retournera contre lui. La nécessité de ce commandement préalable au tiers détenteur se trouve déjà
dans un certain nombre de coutumes. (Voy. notam. Cout.
d'Auvergne T. XXIV. art. 1er C. du Bourbonnais art.
106. C. de la Marche 168. C. du Nivernais 108.)

259. 2° Après le commandement, sur lequel nous
n'insisterons pas, puisqu'il n'est qu'un préliminaire de
de la procédure et que du reste il n'intervient pas entre
le créancier hypothécaire et le tiers détenteur vient un
second acte sur lequel nous devons insister davantage :
C'est la sommation adressée au tiers détenteur.

Cette sommation est une mise en demeure à l'adresse
du détenteur; elle l'avertit qu'il n'a plus qu'un délai de
trente jours pour purger son acquisition, et que passé
ce délai, s'il n'obtempère point à la sommation qui lui
est faite, l'immeuble qu'il détient sera saisi et vendu sur
sa tête.

260. Étudions de plus près ce que contient cette sommation:

L'art. 2169 s'exprime ainsi :

« Faute par le tiers détenteur de satisfaire pleinement
« à l'une de ces obligations, (payer la dette hypothécaire
« ou délaisser l'immeuble,) chaque créancier hypothé-
« caire a le droit de faire vendre sur lui l'immeuble hypo-
« théqué, trente jours après commandement fait au débi-
« teur originaire, et sommation faite au tiers détenteur
« de payer la dette exigible ou de délaisser l'héritage. »

Ainsi d'après l'article 2169 la sommation dont nous
parlons est une injonction au tiers détenteur « de payer
la dette exigible ou de délaisser l'héritage. »

M. Troplong critique cette rédaction comme vicieuse
car il semblerait d'après elle que l'obligation du tiers
détenteur consiste à payer la dette, avec faculté de s'en
décharger en délaissant : ou bien que cette obligation
est alternative, et consiste soit à payer, soit à délaisser.
En d'autres termes il semblerait que le paiement ou le
délaissement sont tous deux *in obligatione* d'une manière
alternative, ou même que le paiement est *in obligatione*,
et le délaissement *in facultate solutionis.*

Or, dit M. Troplong, il n'en est pas ainsi. Le paiement
de la dette hypothécaire ne saurait être considéré comme

étant *in obligatione* vis à vis du tiers détenteur, qui n'est lié au créancier par aucune obligation. Le tiers détenteur est un simple *bien tenant*, qui peut bien être expulsé de ce qu'il détient, mais qui ne peut être considéré comme *obligé* à une dette qui lui est étrangère. Il n'y a pas non plus, par la même raison, obligation alternative, et ce qui prouve bien cette proposition c'est que si l'immeuble hypothéqué venait à périr par cas fortuit, entre les mains du tiers détenteur de manière à ce qu'un délaissement quelconque lui fût impossible, il est bien évident qu'il ne pourrait être contraint à payer la dette hypothécaire, et c'est pourtant là le résultat auquel il faudrait arriver si l'on admettait comme semble le faire l'article 2169 que le tiers détenteur est tenu d'une obligation alternative. La seule et la véritable obligation du tiers détenteur c'est de délaisser, d'abandonner aux poursuites du créancier l'immeuble qu'il détient, avec faculté toutefois de se décharger de cette obligation en payant la dette hypothécaire. En d'autres termes, c'est le délaissement qui est *in obligatione*, et le paiement qui est *in facultate solutionis*. (V. Pothier hyp. chap. II art. III.)

Telle est la doctrine de M. Troplong. Peut-être pourrait-on dire que l'obligation principale du tiers détenteur est de laisser saisir et exproprier sur sa tête, l'immeuble hypothéqué mais qu'il peut se décharger de cette obligation de trois manières, en purgeant, en délaissant, ou en payant. En droit Romain le délaissement et le paiement étaient en effet *in facultate solutionis* en ce sens qu'ils constituaient pour le débiteur deux moyens d'échapper à la condamnation (supra N⁰ˢ 50,60). Dans notre droit

il en est à peu près de même; la purge, le délaissement ou
le paiement sont des partis que le détenteur peut prendre
s'il le juge convenable, mais auxquels il ne peut pas être
forcé de recourir. Au contraire la saisie immobilière peut
être pratiquée contre lui, sans qu'il puisse s'y opposer
s'il néglige de recourir à l'un des trois moyens que nous
venons d'indiquer, de sorte qu'on pourrait dire que ce qui
est *in obligatione* à l'égard du tiers détenteur c'est le fait de
subir l'expropriation, et que le paiement, le délaissement
et la purge sont simplement *in facultate solutionis.* Cette
controverse n'a du reste qu'un intérêt purement doctrinal
et n'aboutit à aucun résultat dans la pratique, en conséquence nous n'y insisterons pas davantage.

261. Maintenant que nous connaissons le caractère et
le but de la sommation faite au tiers détenteur, étudions
en quelques mots les conditions nécessaires pour sa validité. Comme ces questions sont plutôt des questions de
procédure que des questions de principe nous nous
bornerons sur la plupart d'entre elles à donner la solution avec l'indication des principaux auteurs ou arrêts qui
s'en sont occupés.

262. 1° La sommation faite au tiers détenteur doit être
précédée du commandement fait au débiteur personnel.
En effet tel est d'abord l'ordre logique des idées et l'ordre grammatical des membres de phrases dans l'art. 2169.
« En outre disent MM. Aubry et Rau (sur Zachariæ T. II
« § 287 n° 5.) aux termes de l'art. 2183, le tiers déten-
« teur est déchu de la faculté de purger, après les trente
« jours à dater de la sommation qui lui a été adressée,
« et c'est uniquement à raison de la déchéance de cette

« faculté que, suivant l'art. 2169, il est permis de procé-
« der contre lui par voie de saisie. Or, si le commande-
« ment pouvait être fait valablement après la sommation
« et pendant les trois années durant lesquelles celle-ci
« conserve son effet, le tiers détenteur pourrait se trou-
« ver déchu de la faculté de purger longtemps avant qu'il
« fût possible de la saisir, ce qui détruirait complétement
« l'harmonie qui existe entre les dispositions des art.
« 2169 et 2183. D'un autre côté, la sommation de payer
« ou de délaisser doit produire d'après l'art. 2176, l'im-
« mobilisation des fruits de l'immeuble hypothéqué et il
« serait inexplicable qu'un pareil effet fût attaché à cet
« acte, alors même que n'ayant pas été précédé d'un
« commandement, le créancier ne se trouverait pas à
« même de procéder à la saisie. » En vertu de ce raisonnement, MM. Aubry et Rau pensent que la sommation non précédée d'un commandement serait entachée
de nullité. (V. dans le même sens M. Duranton XX. 308).
La jurisprudence paraît s'être rangée à l'opinion de ces
auteurs (V. notamm. rej. 2 mars 1840. Nîmes 10 décembre 1850 et 28 janvier 1856). Cependant d'autres auteurs
ont pensé et d'autres arrêts ont décidé que sans doute
dans l'ordre logique le commandement devait précéder la
sommation, mais que, si cet ordre venait à être inter-
verti il n'y aurait pas nullité. (V. notamm. MM. Troplong.
Priv. et hyp. T. III n° 791. Bioche Diction. de procéd. V.
saisie immob. n° 125. Riom 6 août 1842).

263. 2° Elle doit contenir une désignation suffisante de
l'immeuble auquel elle s'applique (Aubry et Rau § 287.
Req. rej. 6 juin 1860.)

264. 3° Elle doit être suivie de poursuites avant l'expiration du délai de trois ans à partir de sa date. En effet l'art. 2176 dit que si les poursuites ont été abandonnées pendant trois ans à partir de la sommation, les fruits ne seront immobilisés que par la nouvelle sommation qui sera faite. Donc si la sommation se périme par trois ans en ce qui touche l'immobilisation des fruits, *à fortiori* doit-elle se périmer par le même délai en ce qui concerne des conséquences assurément beaucoup plus graves, telles que la, déchéance de la faculté de purger et la possibilité d'entamer l'expropriation contre le tiers détenteur (MM. Aubry et Rau § 287. Poitiers 27 novembre 1833.) Cependant tout le monde n'est pas de notre avis. Des arrêts ont décidé que la sommation se périmait comme le commandement par quatre-vingt-dix jours (Pr. 674. V. notamm. Limoges 5 mars 1842.) D'autres au contraire (Poitiers 21 juillet 1842) ont décidé que la sommation ne se périmait que par trente ans. Ces deux solutions nous semblent l'une et l'autre inconciliables avec l'art. 2176 C.N et l'art 397 du code de procédure.

265. Sur la sommation qui lui est faite, le détenteur a trois partis à prendre, ainsi que nous l'avons déjà vu plus haut : payer, purger ou délaisser. Nous n'avons pas à étudier la purge, le paiement ou le délaissement d'une manière complète, toutefois nous en dirons quelques mots dans le chapitre suivant où nous examinerons plus spécialement la position du tiers détenteur. Dans le présent chapitre où nous étudions le droit de suite au point de vue du créancier poursuivant, nous indiquerons la marche que

doit suivre le créancier en présence des différents partis que peut prendre le tiers détenteur.

266. Si, dans les trente jours qui lui sont donnés à cet effet, à partir de la sommation, le détenteur purge son immeuble, le créancier a le choix entre deux partis : Accepter l'offre que fait le tiers détenteur, ou surenchérir.

Si le créancier poursuivant accepte l'offre du tiers détenteur, (et il l'accepte tacitement lorsqu'il laisse passer, sans rompre le silence, les délais de surenchère) il se forme entre ce dernier et lui, un véritable contrat. Dès ce moment le tiers détenteur qui auparavant n'était qu'un obligé *propter rem*, devient un obligé personnel : En revanche, il ne doit qu'une chose, le montant de ses offres. S'il y a plusieurs créanciers, le montant des offres se distribue entre eux conformément à leur rang hypothécaire. (V. C. N. 2186 et C. Pr. 777. 5°)

Si les offres faites par le tiers détenteur ne paraissent point suffisantes au créancier, il a le droit de requérir la mise aux enchères de l'immeuble hypothéqué. La réquisition de mise aux enchères doit être faite dans les quarante jours de la notification faite par le tiers détenteur (art. 2185 n° 1) et doit contenir soumission de la part du requérant, de porter ou faire porter l'immeuble à un dixième en sus du prix indiqué par l'acquéreur, avec offre de fournir caution. (Voir sur les conditions de validité de cette réquisition C. N. 2185. 2040 N. 1. 2041. 2190. C. Pr. 838 al. 3 et 4.) L'effet de cette réquisition, lorsqu'elle a été valablement faite, est d'amener la vente aux enchères de l'immeuble surenchéri, sur une mise à

prix égale à la somme offerte par le surenchérisseur
(C. N. art. 2187) et dans les formes prescrites par les
articles 636 à 638 C. procédure.

267. Si, dans les 30 jours qui suivent la sommation,
le tiers détenteur n'a pas purgé, il est, avons-nous dit,
déchu de la faculté de le faire ultérieurement, il ne peut
plus que payer ou délaisser.

S'il paye, comme son obligation s'étend alors au montant intégral en capital intérêts et frais des créances
inscrites, le créancier qui se trouve alors désintéressé
n'a plus aucun intérêt, et par conséquent aucun droit
pour agir.

268. Si, au lieu de payer, le tiers détenteur préfère
délaisser, la procédure prend alors une marche nouvelle.
Dans le chapitre suivant, nous exposerons les effets du
délaissement au point de vue du tiers détenteur : pour
le moment nous nous bornerons à étudier les conséquences qu'il entraîne au point de vue du créancier
poursuivant.

Au moyen du délaissement le tiers détenteur soustrait
sa personne et son nom à la poursuite hypothécaire.
Comme il faut cependant une personne pour servir
d'objectif à la poursuite, un curateur est donné par le
Tribunal à l'immeuble délaissé, et c'est contre ce curateur que se poursuit l'expropriation (2174.)

269. L'expropriation se poursuit dans les formes ordinaires contre le curateur si le tiers détenteur a délaissé,
contre le détenteur lui-même, s'il n'y a pas eu de délaissement. On arrive ainsi à une adjudication. L'adjudication est suivie de l'ordre, dans lequel le créancier pour-

suivant produit comme les autres créanciers hypothécaires. Si sa créance arrive en rang utile, il lui est
délivré un bordereau qui le constitue créancier direct
de l'acquéreur. Si par hasard, l'acquéreur se trouvait
insolvable, le créancier nanti de son bordereau fera revendre sur folle enchère l'immeuble adjugé, et l'on
finira toujours bien par rencontrer un adjudicataire solvable. Inutile d'ajouter que le créancier pourra lui-
même se rendre adjudicataire, cas auquel il compensera
avec tout ou partie, suivant les cas, du prix d'adjudication, le montant du bordereau qui lui aura été délivré.

270. Le rapide exposé de procédure que nous venons
de faire suffit pour faire ressortir la différence la plus
saillante qui existe entre le droit français et le droit
Romain, au point de vue de la réalisation du gage. Dans
le droit Romain surtout dans le droit classique, cette réalisation s'opère au gré du créancier et à peu près sans con-
trôle. Dans notre droit au contraire, la réalisation du gage
n'est pas l'œuvre du créancier, elle est l'œuvre de la
justice : tout se fait publiquement et toutes les précautions
sont prises pour sauvegarder les droits des créanciers
aussi bien que ceux des débiteurs et détenteurs. Aussi
n'hésitons-nous pas à dire que sous ce rapport comme
sous presque tous les autres, notre système hypothécaire,
malgré les imperfections qu'on peut lui reprocher est
incontestablement supérieur au système hypothécaire du
droit Romain.

CHAPITRE IV

271. Nous venons d'examiner le droit de suite au point de vue du créancier qui poursuit, nous allons l'examiner maintenant au point de vue de la défense, c'est-à-dire au point de vue du tiers détenteur.

Nous diviserons ce chapitre en trois sections :

1° Position du tiers détenteur vis-à-vis des créanciers hypothécaires;

2° Exceptions et fins de non recevoir qu'il peut faire valoir contre la poursuite hypothécaire;

3° Des partis à prendre par le tiers détenteur en face d'une poursuite valablement intentée et de leurs conséquences.

Section I. — Position du tiers détenteur vis-à-vis des créanciers hypothécaires.

272. Celui qui devient propriétaire d'un immeuble grevé d'hypothèques inscrites, acquiert sans doute sur cet immeuble un droit de pleine propriété; seulement

cette pleine propriété se trouve gênée, on pourrait même dire diminuée par l'existence du droit réel qui appartient aux créanciers hypothécaires. La chose qu'il a acquise est une *res obligata*, suivant l'énergique expression du droit Romain : c'est une chose *qui doit*, et dont la valeur se trouve diminuée de toute la valeur de ce qu'elle doit. Cette métaphore du droit Romain qui considère la chose comme une débitrice donne une idée très-exacte et de la nature du droit hypothécaire et de la position du détenteur de la chose hypothéquée. Quand un homme me doit, peu m'importe en droit, son changement de demeure, de fortune, de position : rien ne peut le soustraire à son obligation *obligatio ei inhæret sicut læpra cuti* disent les jurisconsultes du moyen-âge. De même quand c'est une chose qui me doit; la dette s'attache à elle, et la suit partout comme l'obligation suit le débiteur. Peu m'importe en quelles mains elle a passé : elle est toujours mon obligée, et la personne de celui qui la détient ou la possède m'est indifférente, car ce n'est pas à la personne que je m'adresse, c'est à la chose, le détenteur n'est qu'un plastron, ce n'est que nominalement qu'il figure dans la poursuite, dont le seul et véritable objet est la chose.

373. De ce que nous venons de dire il résulte :

1° Que si le détenteur veut conserver, veut s'assimiler la chose, il s'assimile en même temps la charge qui la grève, et doit y satisfaire.

2° Que d'autre part, s'il rejette cette chose de son patrimoine, il en rejette en même temps les charges qui y étaient entrées avec elle.

274. Ce sont ces deux conséquences que l'on formule dans le principe de droit que le tiers détenteur n'est pas un obligé personnel, qu'il est seulement obligé *propter rem* et comme *bien tenant.*

C'est cette idée que nous trouvons exprimée dans les art. 2167 et 2168, mais au moyen d'une formule qui ne fait peut être pas suffisamment ressortir la différence qui existe entre un tiers détenteur et un obligé personnel : c'est du moins l'avis de M. Troplong, avis que nous avons déjà rencontré plus haut (suprà n° 260). D'après ce savant magistrat, l'obligation du tiers détenteur consiste à délaisser. Le paiement et la purge ne seraient que des moyens de se soustraire au délaissement. Nous avons déjà dit ce que nous pensons de cette critique, et comme en définitive elle n'a aucune importance pratique, nous adopterons simplement le langage du législateur.

« Si le tiers détenteur, dit l'article 2167, ne remplit « pas les formalités de la purge, il demeure par l'effet « seul des inscriptions obligé comme détenteur à toutes « les dettes hypothécaires et jouit des termes et délais « accordés au débiteur originaire. »

« Qui a terme ne doit rien. » — Un créancier ne peut exiger le paiement avant l'échéance : l'art. 2167 n'est donc qu'une application et un corollaire de l'art. 1186.

L'art. 2168 ajoute que le tiers détenteur lorsqu'il se décide à payer, doit acquitter tous les intérêts et capitaux exigibles à quelque somme qu'ils puissent monter si mieux il n'aime effectuer le délaissement.

275. En somme dans la pratique le créancier ne peut

guère espérer se faire payer par le tiers détenteur plus que la valeur de la chose hypothéquée car en supposant même que ce dernier n'use pas de la faculté de purger, il est plus que probable qu'il s'empressera de délaisser si le montant des créances inscrites est de beaucoup supérieur à la valeur de son immeuble. Et même en supposant que le détenteur ne veuille ni purger, ni délaisser, la seule conséquence qui pourra en résulter pour lui sera de subir l'expropriation de l'immeuble hypothéqué, et si cette expropriation ne produit qu'un prix inférieur au montant des créances inscrites, les créanciers seront cependant obligés de s'en contenter.

276. Toutefois, pour ce dernier cas, la rédaction de l'article 2167 avait, dans les premiers temps de l'application du code Napoléon donné lieu à certaines controverses. On soutint, non pas dans la doctrine, mais devant les tribunaux que faute de purger ou de délaisser, le tiers détenteur était tenu *in infinitum*, et personnellement au paiement des créances inscrites. Cette prétention n'était pas bien difficile à repousser en présence des dispositions du chapitre VI du titre, *des priviléges et hypothèques*. Il résulte en effet bien évidemment de l'ensemble de ces dispositions, que le défaut de paiement, de purge et de délaissement de la part du tiers détenteur n'entraîne pour lui qu'une conséquence, l'expropriation poursuivie contre lui et sous son nom de l'immeuble hypothéqué qu'il détient. Aussi, le système dont nous parlons fut-il repoussé par la cour de cassation (Civ. rej. 28 avril 1812. aff. Dutrios.) et depuis il ne s'est pas représenté.

277. De tout ce que nous venons de dire il résulte que
le tiers détenteur ne peut être poursuivi en cette qualité
qu'au moyen d'une action réelle, mais cela n'empêche
pas qu'il ne puisse dans certains cas, et à raison d'une
qualité différente, être sujet à une action personnelle.
Ainsi, si le tiers détenteur est un acheteur qui n'a pas
encore payé son prix, il n'est pas douteux que les créanciers du vendeur ne puissent, abstraction faite de leur
qualité d'hypothécaires, et en exerçant aux termes de
l'art. 1166 les actions de leur débiteur, contraindre
l'acheteur à l'exécution de son contrat, c'est-à-dire au
paiement de son prix, aux termes et sous les conditions
portées dans son acte de vente sans qu'il puisse être
admis à délaisser. Cette solution paraît tellement simple
qu'il ne semble pas possible qu'elle soit contestée. Elle l'a
été cependant, et il a fallu des arrêts pour établir la
doctrine que nous venons de présenter. Nous n'en citerons qu'un (Paris 2 mars 1833. aff. Grosrenaud C. Vau-
villers.) Le pourvoi dirigé contre cet arrêt a été repoussé
par arrêt de rejet, chambre civile, du 9 mai 1866. Toutefois si le montant des créances hypothécaires inscrites
dépassait le montant du prix de vente, il faudrait que
les créanciers s'entendissent entr'eux pour déclarer au
tiers détenteur qu'ils veulent le forcer au paiement de
son prix, et qu'ils le tiendront quitte moyennant ce
paiement. Du reste tout en approuvant fort la doctrine
des deux arrêts ci-dessus, nous pensons que les motifs
de la solution auraient dû être pris purement et simplement dans l'art. 1166, plutôt que dans des inductions

tirées de l'ensemble des dispositions du code sur le délaissement.

Ajoutons que si, dans l'espèce, les créanciers hypothécaires ne s'opposaient point au délaissement, le vendeur pourrait s'y opposer de son chef, et forcer son acquéreur au paiement ou à la consignation du prix. Il n'est pas en effet possible d'admettre que le délaissement soit un moyen pour l'acquéreur de rompre unilatéralement au contrat synallagmatique.

L'action personnelle dont nous venons de parler, *l'actio venditi* dans l'espèce, peut, avons-nous dit, être exercée par les créanciers, abstraction faite de leur qualité d'hypothécaires. Elle pourrait l'être également par des créanciers chirographaires qui se seraient régulièrement saisis des droits et actions de leur débiteur aux termes de l'article 1166. Elle est donc complètement étrangère au droit de suite proprement dit, en conséquence nous nous bornerons aux indications sommaires, que nous venons de donner.

Section II. — Fins de non recevoir et exceptions que le tiers détenteur peut opposer à la poursuite hypothécaire.

1. Fins de non recevoir.

278. — A. Le tiers détenteur peut tout d'abord opposer l'inexistence ou l'extinction de la dette hypothécaire. Il est en effet bien évident que lorsque le créancier n'a plus le droit d'agir contre le débiteur personnel, il ne doit

pas pouvoir agir davantage contre le tiers détenteur.

279. — B. Il peut encore invoquer l'inexistence ou l'extinction du droit hypothécaire.

L'inexistence: par exemple la nullité de l'acte constitutif d'hypothèque qui aurait été rédigé sous-seing privé, ou même devant notaire, mais sans l'observation des formalités prescrites à peine de nullité par la loi du 25 ventôse an XI. Ou bien encore la nullité de l'hypothèque constituée sur un fond qui n'en était pas susceptible, comme un immeuble dotal; ou par une personne incapable, comme un mineur, une femme mariée non autorisée, un interdit.

L'extinction : par exemple la renonciation faite par le créancier à son hypothèque, lors même que cette renonciation serait faite par acte sous-seing privé. En effet l'acte authentique n'est exigé que pour la radiation de l'inscription, et afin que le conservateur soit bien assuré de l'identité de la personne qui donne main levée, mais il n'est nullement nécessaire pour constater la volonté du créancier, volonté sur laquelle celui-ci ne peut plus revenir, dès que la renonciation a été acceptée. Il en est de même de l'extinction par prescription, et par tous les autres modes qui seront indiqués au chapitre suivant.

280. — C. Enfin le tiers détenteur peut opposer la nullité ou la péremption de l'inscription en vertu de laquelle agit le créancier hypothécaire.

281. D. Je placerai également parmi les fins de non-recevoir et non parmi les exceptions proprement dites, ce qu'on appelle l'exception de garantie. Si le créancier hypothécaire se trouve personnellement obligé à garantir

le détenteur, par exemple s'il est l'héritier du vendeur ou s'il a cautionné l'obligation de garantie, l'acquéreur pourra lui opposer ce que Pothier (Hyp. Ch. II. Art. II §5.) appelle une exception péremptoire et ce que nous appelons une fin de non recevoir. Cette fin de non recevoir est absolue et n'est qu'une application de la maxime « *quem de evictione tenet actio, eumdem agentem* « *repellit exceptio* » et de cette autre règle de droit (Loi 8 *de doli mali et metus except.*) « *Dolo facit qui petit quod redditurus est.* »

Toutefois la solution que nous donnons ici devra être modifiée dans le cas ou le créancier ne serait tenu que pour partie de l'obligation de garantie : « Dans ce « cas dit Pothier (Loc. cit.) il ne sera exclu de l'action « hypothécaire que pour la partie dont il est tenu de « cette garantie. » Ainsi supposons que le créancier hypothécaire se trouve être héritier pour moitié du vendeur : si ce créancier poursuivait l'acquéreur et se faisait payer le montant intégral de sa créance, ce dernier pourrait lui dire : Je vous ai payé tant : « 10,000 francs « je suppose, mais votre auteur doit me rembourser ces « 10,000 francs : Vous êtes son héritier pour moitié, et « tenu de la moitié de ses dettes : par conséquent sur les « 10,000 francs que je vous ai versés, vous allez m'en « restituer 5,000. » Or en vertu de la règle ci-dessus *dolo facit qui petit quod restiturus est*, le créancier ne pourra demander hypothécairement au tiers détenteur que la moitié de sa créance.

Enfin comme dernière hypothèse, si le créancier, sans être obligé personnellement à la garantie, possède des héritages qui y sont hypothéqués, il ne peut exercer l'action hypothécaire contre le tiers détenteur, qu'à la charge d'abandonner les héritages en question. (Comp. Pothier loc. cit. Pont. n° 1167.)

282. Le tiers détenteur pourrait-il tirer une fin de non recevoir contre le créancier poursuivant de ce fait que lui-même se trouve créancier antérieurement inscrit sur ce même immeuble et pour des sommes au moins égales à sa valeur, ou bien encore ce qui revient au même, de cet autre qu'en cas d'expropriation, le créancier poursuivant ne pourra certainement arriver en rang utile vu l'existence d'hypothèques antérieures à la sienne.

En droit Romain ainsi que nous l'avons vu (suprà n° 87.) le détenteur qui se trouve en même temps créancier hypothécaire sur la chose qu'il détient, peut lorsqu'il est poursuivi par un créancier dont l'hypothèque est postérieure à la sienne lui opposer l'exception : *si non mihi ante pignoris hypothecæ ve nomine sit res obligata.*

Dans notre ancienne jurisprudence on suivit sur cette question les errements du droit Romain. M. Troplong rapporte un arrêt du parlement de Paris du 19 janvier 1747, autorisant le premier créancier hypothécaire à garder l'immeuble hypothéqué à dire d'expert, si mieux n'aimaient les créanciers postérieurs s'engager sous caution à faire adjuger l'immeuble à si haut prix que le premier créancier fût intégralement désintéressé, déduction faite des frais d'expropriation. D'autres arrêts avaient statué dans le même sens et les jurisconsultes de l'époque avaient fortement approuvé cette doctrine, parce qu'elle tendait à empêcher que le gage suffisant pour payer le premier créancier ne fût consommé, pour le tout, ou pour partie, en frais frustratoires de poursuites.

Depuis le code, la question s'est plusieurs fois présentée : dans le principe, elle fut résolue par les cours impériales dans le sens de l'arrêt du Parlement de Paris (V. notamment Rouen 14 décembre 1815. Limoges 28 avril 1818.) Le motif unique qui déterminait les cours était le défaut d'intérêt du créancier poursuivant et l'inutilité des frais d'expropriation, que l'on considérait dès-lors comme frustratoires. A cela les partisans de la doctrine contraire répondaient que l'art 2169, donne à *chaque* créancier inscrit, le droit de faire vendre aux enchères l'immeuble hypothéqué ; et cela, sans s'occuper de son rang d'hypothèque, surtout sans lui imposer la charge de faire porter cet immeuble à un prix assez élevé pour désintéresser les créanciers antérieurs. A l'argument tiré du défaut d'intérêt de la part du créancier poursuivant, on répondait que ce défaut d'intérêt ne pouvait être légalement apprécié qu'après l'expropriation et cela pour deux motifs : 1° Avant l'adjudication il est impossible de savoir quelle somme produira la vente de l'immeuble hypothéqué ; 2° ce ne sera qu'après la clôture de l'ordre que le rang des hypothèques pourra être déterminé : jusque-là on ne peut savoir légalement quel est le créancier qui sera au premier ou au dernier rang ; l'un peut être forclos faute de produire ; l'autre peut ne pas être colloqué pour quelque vice dans son titre ou dans son inscription, et ce sont là des questions qui ne peuvent être vidées qu'à l'ordre et que les tribunaux ne

sont pas en mesure de vérifier d'une manière légale avant
cette époque. C'est dans ce sens que s'est prononcée la
cour de cassation, par arrêt du 18 février 1818, cassant
l'arrêt de Rouen du 14 décembre 1815 rapporté plus haut.
Depuis cet arrêt qui a fixé la jurisprudence, la question
n'a plus été plaidée devant les cours.

2. Exceptions que peut opposer le tiers détenteur
à la poursuite hypothécaire.

283. — A. *Exception de discussion.* Cette exception est
celle sur laquelle la loi est entrée dans les plus grands
détails, et comme elle est une des plus importantes que
puisse invoquer le tiers détenteur, c'est sur elle que nous
aurons le plus à insister.

284. L'exception de discussion opposée par le tiers
détenteur a pour objet de renvoyer le créancier à se faire
payer par les personnes qui sont obligées personnellement à la dette. Elle a une grande analogie avec l'exception de discussion établie au profit de la caution par
les art. 2021-2024 du code Napoléon et toutes deux sont
fondées sur cette même idée, qu'en définitive celui qui
doit être forcé en première ligne au paiement de la dette,
celui qui y est le plus strictement tenu, c'est celui qui
s'y oblige principalement et personnellement.

285. L'exception de discussion n'existait pas dans le
droit Romain classique : le créancier pouvait intenter
à son gré l'action personnelle contre le débiteur et la
caution, ou l'action réelle contre le tiers détenteur.

Cet état de choses qui subsistait encore dans le droit du code (Loi 14 de pign. et hyp. VIII. 14.) fut changé, par Justinien dans sa novelle IV.

287. Cette novelle fut observée dans notre ancienne jurisprudence par les pays de droit écrit et par la plupart des coutumes, où elle formait le droit commun en l'absence de disposition contraire.

288. Toutefois quelques coutumes l'avaient rejetée. Nous ne citerons que la coutume d'Auvergne qui contient un article ainsi conçu. (Tit. XXIV *des exécutions, ventes et subhastations.)* « Peut aussi (le créancier) com- « mencer son exécution contre le tiers possesseur et dé- « tenteur des choses immeubles aliénées, subjectes à son « hypothèque, sans garder l'ordre et le bénéfice de dis- « cussion quant ès biens du débiteur ou son héritier, « par avant que venir contre le tiers possesseur de « l'héritage subject à hypothèque. » (V. aussi l'art. 3 du « même titre.)

Même décision dans la coutume de la Marche (art. 368.)

Toutefois la coutume d'Auvergne et la coutume de la Marche, tout en refusant le bénéfice de discussion au tiers détenteur, en ce sens que le créancier ne pouvait être contraint à discuter préalablement les immeubles du débiteur personnel, lui accordaient cependant le droit d'empêcher l'expropriation de l'immeuble hypothéqué en « garnissant au créancier la main des biens meubles « jusqu'au debte, et le sixième pour les frais. » (Coutume d'Auvergne. Tit. cit. art. 4. Cout. de la Marche. Art. 369.)

289. Dans les pays de nantissement, le bénéfice de discussion n'était pas admis non plus, parce que nous dit
Loiseau, le créancier au moyen des formes du nantissement acquérait une possession feinte et civile de la chose,
et qu'il n'en pouvait être dépossédé, par l'aliénation
qu'en avait faite le débiteur : que dès lors on ne pouvait
lui opposer le bénéfice de discussion qui serait une véritable dépossession. (V. Pothier Hyp. chap. II. art. 2. § 2.)

290. La loi du 11 Brumaire an VII (art. 14) abolit
dans toute la France le bénéfice de discussion : Cette loi
en effet adoptait le principe des pays de nantissement
et devait par suite en accepter les conséquences.

291. Le code Napoléon l'a rétabli. Il a pensé et avec
raison que celui qui devait le premier soutenir l'attaque
du créancier, c'était celui qui avait donné lieu aux
poursuites et que ceux qui ne s'y trouvaient pour ainsi
dire qu'à titre d'auxiliaires ne devaient être inquiétés que
les derniers.

292. La loi n'a guère fait, au titre des hypothèques
qu'indiquer le bénéfice de discussion : elle renvoie au
titre du cautionnement pour les détails. Nous aurons
donc à combiner ensemble les dispositions de ces deux
titres.

293. Nous diviserons en trois paragraphes les explications que nous avons à donner à ce sujet :

1° Dans quels cas peut être opposée l'exception de
discussion ;

2° Sous quelles conditions peut-elle être opposée ;

3° Quel est son effet.

1º Dans quels cas peut être opposé le bénéfice de discussion.

294. Pour que le tiers détenteur puisse opposer le bénéfice de discussion, il faut tout d'abord qu'il soit un tiers
détenteur pur et simple, tenu seulement en cette qualité,
et qu'il ne soit pas personnellement obligé vis-à-vis du
créancier (art. 2170).

Le tiers détenteur peut se trouver obligé personnellement envers le créancier de plusieurs manières, soit
comme héritier de débiteur personnel, soit comme ayant
lui-même contracté la dette. Supposons par exemple que
Primus emprunte 10,000 francs à Secundus, et que pour
sûreté de cette obligation, Tertius ait donné hypothèque
sur des immeubles qui lui appartiennent. Plus tard
Primus devient l'héritier de Tertius, ou achète de lui les
immeubles en question, il est bien clair qu'il ne pourra
opposer l'exception de discussion. Dans ce cas même,
cette exception serait, en dehors de la raison de droit,
matériellement impossible, car contre qui le créancier
pourrait-il être renvoyé? On pourrait multiplier les
hypothèses; nous ne citerons que celles qui ont fait difficulté soit en doctrine, soit en jurisprudence.

295. Si le tiers détenteur, dans le contrat qui forme
son titre, s'est engagé à payer les dettes inscrites sur
l'immeuble par lui acquis et que cet engagement ait été
accepté par les créanciers, il va de soi qu'il ne peut opposer l'exception de discussion d'après l'art. 2170.
Remarquons au reste que l'exception de discussion ne
peut être opposée qu'à l'action hypothécaire et que, dans

l'espèce, ce n'est pas par l'action hypothécaire que le tiers détenteur est poursuivi mais bien par une action personnelle, une action *ex contractu*.

Mais *quid*, si l'engagement contracté par l'acquéreur l'avait été, non vis-à-vis des créanciers, mais seulement vis-à-vis du vendeur? Dans ce cas, l'on pourrait dire que les créanciers, n'ayant pas été parties au contrat ne peuvent l'invoquer, et que vis-à-vis d'eux le tiers détenteur n'est pas *personnellement* obligé à la dette. Mais à cette argumentation le créancier répond victorieusement à mon avis : 1° que pour rendre le tiers détenteur non recevable à opposer l'exception de discussion, l'art. 2170 exige simplement qu'il soit personnellement obligé à la dette, sans dire au profit de qui cette obligation doit avoir été contractée; et que dans l'espèce le détenteur est tenu personnellement, vis-à-vis de son vendeur, à l'acquittement des dettes. 2° Que le vendeur a très bien pu, aux termes de l'article 1121 stipuler pour ses créanciers, et enfin 3° qu'aux termes de l'art. 1166 ceux-ci peuvent exercer les actions de leur débiteur, et notamment celle qui résulte à son profit de la convention qu'il a faite avec le tiers détenteur. (Cass. 21 mai 1807. Requête. Rejet 12 mai 1867.)

296. Que déciderons-nous dans le cas où le tiers détenteur se trouve être l'héritier du débiteur personnel, mais seulement pour partie? M. Troplong pense que chaque héritier du débiteur n'étant tenu à la dette que *pro hœreditaria parte,* ne peut être tenu que d'en payer cette partie et qu'une fois cette partie payée, comme il n'est point tenu personnellement au paiement du surplus.

il se trouve identiquement dans la position d'un tiers détenteur ordinaire, et peut parfaitement exciper du bénéfice de discussion. D'autres auteurs pensent au contraire que l'héritier, bien qu'il ne soit tenu que pour partie, n'en est pas moins un débiteur personnel, et qu'il ne peut opposer dans aucun cas l'exception de discussion. C'était dans l'ancien droit l'opinion de Loyseau. (Liv. 3. Ch. 8. N° 13.) qui nous dit que l'exception dont s'agit, introduite en faveur du possesseur étranger n'a point lieu à l'égard de l'un des héritiers de l'obligé, « qui « quant et quant, serait détempteur de la chose hypo- « théquée, bien qu'il offrit de payer, même qu'il eut « payé part à sa portion héréditaire. » C'était également l'avis de Pothier. (Hyp. Ch. 2. Section 1re. Art. 2. § 2.) « Cette exception dit-il, ne peut s'opposer par ceux « qui sont personnellement tenus de la dette, pour « quelque petite partie que ce soit. »

Ces deux opinions extrêmes me paraissent l'une et l'autre trop absolues : et je crois qu'il y a une distinction à faire. Tant que l'héritier, tiers détenteur, n'a pas payé sa part dans la dette héréditaire, il lui est impossible d'opposer l'exception de discussion, même en offrant de payer cette part. En effet aux termes de l'art. 1221 (1° — et al. 2.) le créancier hypothécaire lorsqu'il poursuit l'héritier a le droit d'exiger de lui le montant intégral de la dette et ne peut être forcé à recevoir un paiement partiel. Par suite tant que cet héritier ne lui offrira que sa part héréditaire dans la dette, il peut la refuser et le forcer ainsi à rester obligé personnel, ce qui l'empêchera d'opposer le bénéfice de discussion. Au

contraire si le créancier a volontairement reçu du détenteur sa part héréditaire dans la dette, l'application de
l'art. 1221 est écartée, le détenteur n'est plus un obligé
personnel, et peut très-bien dès lors opposer le bénéfice
de discussion. (MM. Aubry et Rau sur Zachariæ. T. II
§ 287. 17. Dalloz, V° Priv. et hyp. N° 1922.)

297. En supposant que le tiers détenteur ne soit pas
obligé personnellement à la dette, il faut encore pour
qu'il puisse opposer l'exception de discussion : 1° qu'il y
ait encore d'autres immeubles hypothéqués à la même
dette; 2° que ces immeubles soient entre les mains du
principal ou des principaux obligés (art. 2170.)

Reprenons ces deux conditions en détail.

298. 1° Il faut qu'il existe d'autres immeubles hypothéqués à la dette du créancier poursuivant. On comprend en effet que le tiers détenteur ne pourrait renvoyer
le créancier à discuter des immeubles appartenant à
l'obligé personnel, mais qui ne seraient pas hypothéqués
au créancier; car dans ce cas, ce dernier n'ayant sur
les immeubles en question aucun droit de préférence, et
ne pouvant venir à la distribution de leur prix que comme
simple chirographaire, courrait grand risque de n'être
point payé.

299. 2° Il faut que ces immeubles soient encore entre
les mains du principal ou des principaux obligés. Cette
règle existait déjà dans notre ancien droit et voici
comment elle est exprimée par Pothier : « Le tiers dé-
« tenteur contre qui le créancier a donné son action ne
« peut obliger le créancier à discuter les biens d'autres
« que de ses débiteurs et cautions, et il ne peut les ren-

« voyer contre les autres tiers détenteurs d'héritages
« pareillement obligés à sa créance soient qu'ils aient
« été aliénés les premiers ou les derniers. »

Ainsi le tiers détenteur ne peut forcer le créancier
poursuivant à discuter d'autres immeubles que ceux qui
se trouvent encore au moment où l'exception est proposée,
entre les mains du principal débiteur et ne peut le renvoyer
à discuter des immeubles que celui-ci aurait aliénés. C'est
ce qu'a jugé la cours de Bordeaux dans une espèce où le
droit du détenteur était exceptionnellement favorable :
l'immeuble auquel celui-ci voulait renvoyer le créancier
avait été vendu par le débiteur personnel, mais le prix
en était encore dû. Néanmoins la cour de Bordeaux a jugé
que l'exception de discussion ne pouvait être opposée.
Bordeaux 6 août 1833 aff. Eymond C. Oquin.)

300. Il résulte de ce que nous venons de dire, que le
créancier ayant hypothèque sur des immeubles qui ont
passé entre les mains de divers détenteurs, peut exercer
son action hypothécaire contre celui d'entr'eux qu'il lui
plait de choisir, sans que celui-ci puisse repousser son
action en le renvoyant contre les autres tiers détenteurs
dont l'acquisition serait postérieure à la sienne. Nous
venons de voir Pothier le guide ordinaire des rédacteurs
du code, s'en exprimer formellement. « Le détenteur dit-il,
« ne peut renvoyer le créancier contre les autres tiers dé-
« tenteurs d'héritages pareillement obligés à sa créance,
« *soit qu'ils aient été aliénés les premiers ou les derniers.* » (V. aussi Coutume d'Auvergne Tit. 24 art. 6.) D'un
autre côté l'art 2166 dit que le créancier peut suivre
l'immeuble hypothéqué en quelques mains qu'il passe :

l'art 2169 dit qu'il peut le faire vendre, et l'art. 2170 n'apporte à ce principe qu'une seule exception pour le cas où il existe *entre les mains du débiteur,* des immeubles hypothéqués à la même dette. On ne saurait arbitrairement créer une seconde exception, et c'est avec raison je crois, que beaucoup d'auteurs notamment MM. Grenier (Hyp. T. II n° 325) et Troplong (Hyp. T. III n° 800) ont combattu la doctrine d'un arrêt de la cour de Toulouse du 19 mars 1838. (aff. Roucan C. Vicières.) qui permettait au tiers détenteur de renvoyer le créancier poursuivant à discuter d'autres tiers détenteurs dont l'acquisition était postérieure à la sienne.

301. Ainsi donc l'exception de discussion ne peut être opposée qu'autant qu'il existe d'autres immeubles hypothéqués à la même dette et restés entre les mains du principal ou des principaux obligés. Mais sur ces derniers mots une nouvelle difficulté s'élève. Qui devons-nous considérer comme étant le principal ou les principaux obligés? Ces mots désigent-ils seulement le débiteur unique ou le co-débiteur, ou bien s'appliquent-ils également à la caution? Ainsi le tiers détenteur pourra-t-il dans le cas où il n'existerait plus entre les mains du débiteur d'immeubles hypothéqués à la dette, renvoyer le créancier à discuter la caution, et à faire vendre les immeubles hypothéqués à la même dette qui se trouveront entre ses mains?

Un grand nombre d'auteurs estiment que ces mots : les principaux obligés, comprennent et le débiteur et la caution. (MM. Troplong III § 800 bis. Pont n° 1163.) Ils argumentent de ce que la pensée du législateur a été de faire

porter la poursuite tout d'abord contre ceux qui sont obligés
à la fois personnellement et hypothécairement, et après
ceux-ci seulement, contre ceux qui ne sont obligés qu'hypothécairement et d'une manière accessoire comme le
tiers détenteur. A l'appui de cette opinion on peut citer
de nombreuses autorités dont nous n'indiquerons que les
principales. Tout d'abord l'authentique *hoc si debitor*,
placé au dessous de la loi 24 au code de pign. et hyp. (8
14.) tranche formellement la question. Mais comme les
authentiques ne sont que des extraits de novelles, plus ou
moins exactement rédigés, remontons aux sources et
lisons la novelle IV chapitre Ier d'où l'on a extrait l'authentique. Cette novelle (où pour le dire en passant l'on
reconnait sans peine la traduction latine assez médiocre
d'un texte primitivement écrit en grec,) s'exprime ainsi
en parlant du créancier : « *sed neque ad res debitorum*
« *quæ ab aliis detinentur veniat priùs, antequàm, transeat*
« *viam super personalibus contrà mandatores et spon-*
n sores et fidejussores. »

Dans notre ancien droit, ajoute-t-on, la novelle VI était
généralement suivie et on l'appliquait conformément au
principe ci-dessus (Favre C. lib. 2. T. 6. dif. 32. Loiseau
liv. 3 chap. 8 n°s 6, 7, 8.) Pothier est aussi parfaitement
explicite. « Le tiers détenteur, dit-il, dans le passage que
« nous avons déjà cité, ne peut obliger le créancier
« à discuter les biens d'autres que de ses débiteurs *et*
cautions. »

Enfin dans le code Napoléon, dont la terminologie
n'est pas toujours très-exacte le *mot obligé principal* est

souvent pris comme synonyme de *débiteur personnel*. Or, la caution bien qu'elle ne soit tenue que d'une obligation accessoire n'en est pas moins un débiteur personnel dans toute la force du terme, et par conséquent peut bien rentrer dans la dénomination *principaux obligés* employée par l'art. 2170.

A cette argumentation on répond que les termes *principal* et *principaux* obligés sont précisément employés par la loi pour désigner celui qui est tenu directement et principalement à la dette par opposition à la caution qui n'est tenu qu'accessoirement ; que du reste, si l'on admettait l'opinion qui précède, il faudrait admettre même l'acquéreur à titre gratuit à renvoyer le créancier discuter la caution, ce qui serait contraire à cette règle que l'on doit préférer celui *qui certat de damno vitando*, à celui *qui certat de lucro captando*. En outre, dit-on, si la constitution d'hypothèque est antérieure au cautionnement, la caution en contractant a dû compter sur cette hypothèque et penser qu'elle ne serait point inquiétée puisque le créancier avait une sûreté suffisante pour le couvrir.

Ces raisons assurément ne sont pas sans valeur, et nous pensons même qu'elles auraient peut-être dû être prises en considérations par le législateur. Mais en présence des expressions de l'art. 2170, qui peuvent aussi bien s'interpréter dans un sens que dans l'autre, il nous est impossible d'admettre que le code ait voulu rompre d'une manière aussi brusque avec les précédents, et cela sans que rien ni dans la loi ni dans les travaux préparatoires indique cette intention de la part du législateur.

Nous nous rangerons donc à la première des deux opinions que nous avons citées.

302. 3° Pour que le tiers détenteur puisse opposer le bénéfice de discussion, il faut qu'il n'ait affaire ni à un créancier privilégié ni à un créancier ayant hypothèque spéciale. Cette règle apporte au bénéfice de discussion une restriction considérable. Elle n'existait pas en droit Romain : la novelle 4 en effet en défendant au créancier d'actionner les tiers détenteur avant d'avoir épuisé les actions personnelles contre le débiteur et les *intercessores* ne faisait aucune distinction entre le créancier à hypothèque générale, et le créancier à hypothèque spéciale.

Cependant dans notre ancien droit, des controverses s'élevèrent sur le sens de cette novelle : mais l'opinion qui finit par prévaloir dans les pays où la novelle s'appliquait, fut qu'il n'y avait pas de distinction à faire au point de vue du bénéfice de discussion, entre le créancier à hypothèque générale et le créancier à hypothèque spéciale.

Dans les pays de coutume il n'en fut pas partout de même. D'abord un assez grand nombre de pays coutumiers, sans compter les pays de nantissement, n'admirent point l'exception de discussion, et parmi ceux qui l'admirent, plusieurs y apportèrent cette restriction qu'elle ne pourrait être opposée au créancier ayant hypothèque spéciale : (Coutume du Bourbonnais art. 137. Coutume du Nivernais Tit. 31. art. 11). La coutume de Paris n'autorisait pas l'exception de discussion lorsqu'il s'agissait de l'opposer à un crédi-rentier, soit que l'hypothèque fut générale soit qu'elle fut spéciale (art. 101.) La coutu-

d'Orléans permettaient de l'opposer à tout créancier
hypothécaire sans distinction, sauf au crédi-rentier
ayant hypothèque spéciale (art 436). Pothier (Hyp. chap.
2. art. 2. § 2.) après avoir cité cet article ajoute : « Dans
« les coutumes qui ne s'en expliquent pas, les tiers déten-
« teurs peuvent opposer la discussion, contre toutes les
« actions hypothécaires, quelle que soit la créance hypo_
« thécaire, créance exigible ou rente, et quelle que soit
« l'hypothèque, générale ou spéciale, car l'exception de
« discussion est de droit commun et par conséquent elle
« doit avoir lieu tant qu'il n'y a quelque loi ou coutume
« qui contienne quelques cas d'exception. »

Le code Napoléon n'a pas suivi ce qui était le droit
commun dans notre ancienne jurisprudence : il a décidé
que l'exception de discussion ne pouvait être opposée ni
au créancier privilégié ni au créancier à hypothèque
spéciale (art. 2171.) Ainsi que nous l'avons déjà fait
remarquer, cette disposition restreint singulièrement le
champ du bénéfice de discussion : Les seuls créanciers
vis-à-vis desquels on puisse s'en prévaloir sont les créanciers ayant une hypothèque légale ou une hypothèque
judiciaire : Quant à l'hypothèque conventionnelle elle
est toujours forcément spéciale même dans le cas où le
débiteur a hypothéqué tous ses biens présents, même
dans celui où il aurait, vu l'insuffisance de ses biens présents, hypothéqué ses biens à venir, de sorte que l'exception ne peut jamais être opposée à une hypothèque de
cette nature.

203. Ainsi, le bénéfice de discussion, ne s'appliquant

qu'à deux classes d'hypothèques qui se présentent bien plus rarement que l'hypothèque conventionnelle, et laissant hors de son action tous les priviléges, sera toujours, comme on le voit, d'une application relativement assez restreinte.

2° Sous quelles conditions l'exception de discussion

doit-elle être opposée.

304. L'art. 2170 nous dit que dans le cas où le tiers détenteur peut opposer l'exception de discussion, il doit le faire selon la forme réglée au titre du cautionnement. Nous ne donnerons à ce sujet que les indications essentielles, nous bornant à renvoyer pour les développements aux traités spéciaux sur le cautionnement.

Le tiers détenteur doit faire l'avance des frais de discussion.

Il ne peut renvoyer le créancier à discuter ni des biens situés lors du ressort de la cour impériale, ni des biens litigieux.

Enfin il doit proposer son exception sur les premières poursuites (art. 2022 et 2023.) Quant au point de savoir ce que l'on doit entendre par *les premières poursuites*, nous pensons que ces mots doivent s'entendre de la dénonciation de la saisie immobilière faite au tiers détenteur. (MM. Aubry et Rau § 287 texte A et note 22. Bourges 6 décembre 1839.)

305. L'exception de discussion a pour effet de renvoyer le créancier contre le débiteur principal pour faire
vendre sur lui les immeubles hypothéqués à la dette, qui
sont entre ses mains.

De deux choses l'une : ou le créancier se trouvera payé
par suite de la discussion du débiteur principal et alors
il n'a plus aucun intérêt, et par conséquent, aucun droit
à poursuivre le tiers détenteur, ou bien les sommes provenant de la discussion seront insuffisantes pour le couvrir
et alors il reviendra contre le tiers détenteur, qui, cette
fois ne pourra plus exciper du bénéfice de discussion et
devra subir l'exercice du droit de suite.

306. Après avoir étudié l'exception de discussion qui se
trouve indiquée dans le code, occupons-nous de certaines autres exceptions ou moyens de défense dont le code
ne parle point et dont l'existence par là-même est controversée.

307. Dans notre ancien droit Français, le tiers détenteur
pouvait exiger du créancier poursuivant qu'il conservât
intactes pour les lui céder les actions qu'il avait soit contre le débiteur ou les cautions, soit contre les autres tiers
détenteurs d'immeubles hypothéqués à la dette (Pothier
hyp. chap. 2 art. 2 § 6.) Le motif qui avait fait établir
cette exception était que le créancier ne peut par son
propre fait empirer la situation du tiers détenteur, et qu'il
arriverait à le faire s'il lui était possible de le poursuivre

après avoir abandonné ou laissé perdre les sûretés qui pourraient garantir à ce dernier le remboursement de ce qu'il aurait payé au créancier hypothécaire. C'était aussi la doctrine enseignée par Dumoulin et par Loyseau. Seulement l'exception *cedendarum actionum*, se compliquait dans l'ancien droit de ce principe que les actes notariés emportaient hypothèque, de sorte que le plus grand nombre des hypothèses que nous trouvons dans Dumoulin, Loyseau et Pothier ne sont plus de nature à se présenter aujourd'hui. Toutefois au milieu de ces hypothèses aujourd'hui inutiles nous dégageons le principe, c'est-à-dire la possibilité pour le tiers détenteur d'opposer le bénéfice *de cession d'action*.

308. Ce bénéfice a-t-il été admis par le code Napoléon? Le code n'en parle pas. Aussi admet-on généralement que ce bénéfice a été implicitement rejeté. Toutefois comme des auteurs fort graves pensent qu'il doit encore être admis et que d'autres auteurs non moins graves, ont professé successivement les deux systèmes, (V. notam. M. Troplong. du cautionnement. n° 562. Hyp. III. 807.) nous pensons qu'il sera peut être utile de donner les motifs à l'appui de l'une et de l'autre doctrine.

309. Pour soutenir que l'exception *cedendarum actionum* peut encore être opposée sous l'empire du code, on fait remarquer l'analogie qui existe entre le tiers détenteur et la caution : et encore, ajoute-t-on, s'il y devait y avoir une différence, elle serait nécessairement en faveur du tiers détenteur qui est tenu d'une obligation bien moins étroite que la caution, puisque celle-ci est obligée personnellement, et qu'il n'est lui, obligé que *propter*

rem. Or, la caution peut invoquer le bénéfice dont nous parlons (art. 2037), *à fortiori*, le tiers détenteur doit-il pouvoir le faire. En outre il n'est pas probable que le code Napoléon ait ainsi rompu avec tous les précédents; avec l'autorité de Pothier, de Loyseau, de Dumoulin..... Enfin à l'appui de ce système on peut invoquer un autre moyen de défense imaginé par M. Troplong fort ingénieux sans doute, mais qui est déjà un pas en arrière. M. Troplong dans les premières éditions de son traité des priviléges et hypothèques, avait admis le bénéfice *cedendarum actionum* au profit de tous les tiers détenteurs; (opinion qu'il a du reste retirée dans les éditions postérieures.) Plus tard, dans son commentaire du cautionnement (n° 562.) il a fait du bénéfice de *cession d'action*, un corollaire et une suite au bénéfice de discussion, de telle sorte qu'il ne l'accorde plus qu'au tiers détenteur qui peut invoquer ce dernier bénéfice. Voici comment raisonne M. Troplong : le tiers détenteur qui peut opposer l'exception de discussion, peut par l'effet de cette exception renvoyer le créancier à discuter le débiteur principal, sauf en cas d'insuffisance de ce dernier à se retourner contre lui tiers détenteur. Mais *quid* si le créancier en renonçant aux sûretés fournies par le débiteur principal a rendu la discussion impossible, par exemple en donnant main levée de l'hypothèque qui lui avait été fournie, à l'égard des immeubles restés entre les mains de ce débiteur ? Pourra-t-il dire : la discussion ne m'est plus possible : si je la fais elle ne me donnera rien, par conséquent je reviens contre vous tiers détenteur? Lui accorder ce droit serait évidemment lui permettre d'empirer par son fait la position déjà assez fâcheuse de ce dernier. De telle sorte que l'on doit accorder au tiers détenteur le droit de dire au créancier poursuivant : « Sans « votre négligence, sans votre faute la discussion du « débiteur principal était possible, si vous l'avez rendue « impossible, tant pis pour vous, je ne dois pas en souf- « frir. » De cette manière le créancier sera obligé de déduire de sa demande, tout ce qu'il aurait pu obtenir au moyen d'une discussion utilement faite. Ainsi d'après le système mixte de M. Troplong, le tiers détenteur pourrait opposer l'exception *cedendarum actionum*, tou- tes les fois qu'il serait à même d'opposer celle de discusssion.

Dans l'opinion qui n'accorde point l'exception *cedenda- rum actionum* au tiers détenteur, on fait remarquer que l'art. 2037 ne s'applique qu'à la caution et que l'art. 2170 ne contient aucun renvoi à cet article.

On ajoute qu'il y a entre la situation de la caution et celle du tiers détenteur, une différence fort sensible. Celui qui s'est rendu caution d'une dette hypothécaire peut dire avec raison qu'il ne s'est obligé qu'en considé- ration de l'hypothèque, et dans l'espoir d'y être subrogé s'il était obligé à payer ; le tiers détenteur n'a rien à dire de semblable. En outre le tiers détenteur à un moyen très simple et très sûr de se mettre à l'abri de toute poursuite de la part des créanciers hypothécaires, c'est de purger ; s'il n'use pas de ce moyen qui lui est offert par la loi, il est en faute, et si plus tard il est évincé c'est surtout à son imprudence qu'il devra s'en prendre. Au contraire la caution n'a aucun moyen d'empêcher le débiteur

principal d'aliéner les immeubles hypothéqués et si l'hypothèque qui était sa garantie vient à disparaître par le fait
du créancier, toutes les sûretés sur lesquelles il avait dû
compter s'évanouiront sans qu'il ait pu recourir à aucun
moyen pour s'y opposer. On comprend donc facilement
que la loi lui donne un moyen de défense en lui permettant de forcer le créancier à garder intactes ses actions
pour les lui céder, et qu'elle ait refusé ce moyen de défense au tiers détenteur qui en a déjà un de plus efficace
dans la faculté de purger. Quant au système mixte de
M. Troplong d'après lequel l'exception *cedendarum actionum* appartiendrait au tiers détenteur toutes les fois qu'il
lui sera possible d'opposer l'exception de discussion on
répond que ces deux exceptions ne sont nullement liées
l'une à l'autre, comme le pense ce magistrat, par un lien
de cause à effet, de principe à corollaire. En effet la caution peut très-bien se trouver dans l'impossibilité d'invoquer le bénéfice de discussion, par exemple si le débiteur
a aliéné les immeubles hypothéqués à la dette, ou si ces
immeubles sont situés hors du ressort de la cour impériale du lieu ou le paiement doit être fait, et cependant
dans cette hypothèse si le créancier a donné main levée
de son hypothèque sur ces immeubles ou sur quelques-
uns d'entr'eux, la caution qui pourtant ne peut pas opposer l'exception de discussion, pourra très-bien au contraire
invoquer celle de cession d'actions.

Aussi aujourd'hui la grande majorité des auteurs et
des arrêts refuse-t-elle au tiers détenteur l'exception de
discussion. Nous retrouvons dans les motifs d'un arrêt
de la cour de cassation, à peu près toutes les raisons que

nous venons de déduire, (aff. Pipet C. de Lolme. Jugement du tribunal du Puy, refusant au tiers détenteur l'exception de cessions d'actions. Appel. Arrêt de la cour de Riom du 7 mai 1853 qui infirmant le jugement du tribunal du Puy admet l'exception en question au profit du tiers détenteur. Pourvoi en cassation, et le 18 décembre 1854, arrêt rendu sous la présidence de M. Troplong, qui cassant l'arrêt de Riom, et revenant à la jurisprudence du tribunal du Puy, refuse définitivement l'exception au détenteur. « Attendu, dit l'arrêt, que les tiers acquéreurs « ne sont point admissibles à exciper de l'art. 2037. C. « N. Qu'en effet aucune disposition de la loi ne déclare « ce bénéfice applicable aux tiers détenteurs qui ayant « un moyen assuré de libération dans la faculté de purger, doivent s'imputer à eux-mêmes le dommage qu'ils « éprouvent quand ils sont obligés de payer deux fois « leur prix. » Renvoi de l'affaire à la cour de Bourges, qui juge comme la cour de Cassation, mais toutefois en faisant ressortir cette circonstance de fait laissée de côté par l'arrêt précité, que les tiers détenteurs ne pouvaient dans l'espèce opposer l'exception de discussion, ce qui laisserait croire que cette cour inclinerait vers le système mixte, que nous avons vu professé par M. Troplong.

310 Toutefois comme le cas de dol est toujours réservé, si la renonciation du créancier aux sûretés qui lui ont été fournies par le débiteur principal était le résultat d'une collusion avec celui-ci, ou avec d'autres, il y aurait lieu d'appliquer l'art 1382, et comme le meilleur moyen de garantir quelqu'un d'un dommage, c'est de ne pas

commettre ce dommage, les poursuites du créancier pourraient être déclarées non recevables. Quant à la question de savoir quels seront les faits qui constitueront la fraude, c'est une question de fait qui appartient aux tribunaux et aux cours impériales et qui échappe à la censure de la cour de cassation (Civ. Rej. 22 avril 1856 aff. Troche C. Roux.)

311. *De l'exception pour raison d'impenses.* — En droit Romain le tiers détenteur de bonne foi pouvait se refuser au délaissement jusqu'à ce qu'il eut été remboursé par les créanciers des impenses par lui faites, jusqu'à concurrence de la plus-value que ces impenses avaient donnée à la chose hypothéquée. (Loi 29. § 2. D. de pign. et hyp. Liv. 20. T. 1. — Suprà N° 90.)

Dans notre ancienne jurisprudence on admettait généralement cette décision, et on accordait au détenteur le droit de retenir l'immeuble hypothéqué jusqu'au remboursement de ses impenses à moins que le créancier ne lui donnât caution de faire monter le prix d'adjudication assez haut pour le couvrir. Tel était du moins le sentiment de Pothier. (Hyp. Chap. 2. Art. 2. § 4.) Loyseau au contraire refusait au tiers détenteur le droit de rétention que lui accordait le droit Romain et Pothier, mais il arrivait à peu près au même résultat en lui permettant de se faire payer à l'ordre ; savoir : « Des impenses « nécessaires par privilége sur tout le prix ; et des utiles « par privilége sur la plus-value du prix par rapport « aux dites impenses. » Pour justifier la différence qu'il établissait entre le droit Romain et le droit français, Loyseau faisait un raisonnement fort juste : « En droit

« Romain, dit-il, un créancier n'avait pas le droit de
« vendre le gage avant qu'il eut satisfait les créanciers
« antérieurs ou plus privilégiés que lui ; mais, suivant
« notre droit, le dernier créancier pouvant vendre le
« gage, le détenteur, quoique privilégié pour ses impen-
« ses ne peut se dispenser de délaisser au créancier
« l'héritage pour être vendu, sauf à ce détenteur à
« exercer à l'ordre son privilége sur le prix pour les
« impenses qui lui sont dues.

Comme on le voit, d'après Pothier le tiers détenteur
aurait eu à raison de ses impenses le droit de rétention,
c'est-à-dire une véritable exception : d'après Loyseau il
n'aurait eu qu'un simple privilége, qui ne lui permettait
pas de s'opposer aux poursuites. L'opinion dominante
était celle de Pothier : Toutefois comme toutes deux
aboutissaient à peu près dans la pratique au même résultat, Pothier faisait assez bon marché de la sienne car
après avoir exposé celle de Loyseau, il ajoute simplement : « Néanmoins, comme il ne serait pas juste que
« ce détenteur perdit si les frais du décret absorbaient
« le prix de l'héritage, je pense que si le demandeur
« n'est pas condamné à lui rendre préalablement le prix
« de ses impenses, au moins il doit être condamné à lui
« donner caution que l'héritage montera à si haut prix
« qu'il en sera payé sans encourir les risques d'aucuns
« frais de saisie et de criées. »

On distinguait du reste dans les deux opinions les dépenses en : 1° dépenses d'entretien ; 2° nécessaires ; 3° simplement utiles ; 4° voluptuaires. Les dépenses d'entretien
étaient considérées comme une charge des fruits ; en

conséquence aucune répétition n'était accordée de ce
chef au tiers détenteur, lors même qu'elles seraient jus-
tifiées excéder le montant des fruits. Les dépenses nécessaires étaient allouées en totalité quelque fût leur chiffre.
Les dépenses purement utiles étaient allouées jusqu'à
concurrence de la plus-value qui en était résultée. Enfin
à l'égard des dépenses voluptuaires le détenteur n'en
pouvait demander le remboursement, mais on ne pouvait
l'empêcher de les enlever pourvu que cela pût se faire
sans détérioration.

Ainsi dans l'ancien droit, les jurisconsultes les moins
favorables au tiers détenteur lui accordaient un privilége
pour ses impenses nécessaires ou utiles, sous la distinction faite par Loyseau : Les autres lui accordaient un
droit de rétention c'est-à-dire une véritable exception à
l'aide de laquelle il pouvait paralyser l'action du créancier poursuivant.

Le code civil a-t-il reproduit sur ce point les théories
de l'ancien droit?

D'abord, en ce qui concerne le droit de rétention, remarquons que le code n'a rien accordé de semblable au
tiers détenteur. Or comme l'hypothèque frappe sur les
améliorations faites sur l'immeuble hypothéqué (2183)
sans qu'il y ait à s'occuper de savoir qui les a faites, on
ne voit pas comment, en l'absence d'un texte qui le lui
permit expressement le tiers détenteur pourrait paralyser
l'action du créancier poursuivant. L'argument que l'on
voudrait tirer des textes de droit Romain que nous avons
cités, se détruit par cette réflexion déjà faite par Loyseau,
savoir qu'en droit Romain l'action hypothécaire n'ap-

partenait à un créancier qu'à la charge de désintéresser les créanciers antérieurs ou plus privilégiés, tandis que dans notre droit elle appartient à tout créancier quelque soit son rang, et sans qu'aucune disposition de la loi lui impose l'obligation de désintéresser d'autres créanciers qui lui sont préférables ou même de leur garantir qu'ils seront payés.

En ce qui touche le privilége nous ferons la même observation : Aucun texte n'en accorde au tiers détenteur pour ses impenses, et l'on ne peut pas créer des priviléges par interprétation.

Est-ce à dire cependant que le détenteur ne devra être considéré pour ses impenses que comme un créancier chirographaire, cas auquel les trois quarts du temps il perdra sa créance? Non sans doute. Remarquons d'abord que les impenses du tiers détenteur augmenteront le prix d'adjudication, et que si les créanciers en profitaient à son détriment ce serait contraire au principe *neminem æquum est, cum damno alterius et injuria fieri locupletiorem*. La plus-value créée par les travaux du tiers détenteur peut être considérée comme une valeur distincte qui lui appartient exclusivement et dont il peut demander la distraction à son profit, comme pourrait la demander le propriétaire d'un immeuble compris à tort dans la saisie.

L'opinion à laquelle je me rattache diffère un peu, quoique aboutissant au même résultat de celle de Zachariæ et de ses commentateurs MM. Aubry et Rau (T. III. § 287.) D'après cette dernière opinion, le tiers détenteur pourrait aussi demander l'attribution à son profit par voie de distraction de la plus-value résultant de ses impenses, mais cela en vertu d'une action de *in rem verso* qu'il aurait contre les créanciers colloqués, dont il aurait ainsi augmenté le gage. Seulement remarquons que l'action de *in rem verso* est une simple action personnelle qui n'entraîne aucun droit de préférence : de sorte que si l'on ne reconnaissait qu'un droit de cette nature au tiers détenteur, il faudrait dire pour être logique, qu'il ne peut ni produire à l'ordre ni y être colloqué, puisqu'il est simplement chirographaire, et qu'il n'a d'autre moyen à prendre pour se faire payer, que de former opposition à la délivrance des bordereaux aux créanciers, ou, si les bordereaux ont été délivrés, de pratiquer une saisie-arrêt entre les mains de l'acquéreur qui doit les payer : Or ces deux moyens ne suffiraient pas pour garantir le tiers détenteur, car si le créancier colloqué avait lui-même des créanciers ceux-ci pourraient venir au marc le franc sur le montant du bordereau qui serait ainsi frappé d'opposition ou de saisie. En conséquence, tout en adoptant le résultat auquel aboutissent MM. Aubry et Rau ainsi que Zachariæ, nous ne croyons pas devoir adopter les motifs qui les y ont amenés (V. dans notre sens : Bastia 2 février 1846. Renucoli C. Marini. Un des attendus de cet arrêt tranche en deux mots la question.

« Attendu qu'aucune disposition de loi n'autorise le
« tiers détenteur à retenir le bien dont on poursuit l'ex-
« propriation jusqu'au paiement de la plus value,
« laquelle doit se percevoir sur le produit de la vente.....
« (V. aussi Bourges. 3 février 1851.)

Deux auteurs MM. Tarrible (Rep. v° priv. sec. 4. n° 5

et Battur, hyp. T. 3. § 491 à 507) ont soutenu que le tiers détenteur avait encore aujourd'hui le droit de rétention pour ses impenses. Pour réfuter cette doctrine, il suffira de rappeler ce que nous avons dit plus haut et surtout l'observation de Loyseau ; cependant elle a été adoptée implicitement par un arrêt de la cour de Douai du 18 mars 1840 aff. de Thierry, C. Duforest.)

D'autres auteurs enfin, (notam. MM. Troplong, hyp. T. 3, n° 836. Grenier T. 2. n° 336.) adoptent un troisiè-me système, d'après lequel le tiers détenteur aurait pour ses impenses un privilége analogue soit à celui qu'on accorde à ceux qui ont fait des frais pour la conservation de la chose, soit à celui qu'ont les architectes ou entrepreneurs. Ce système aboutit comme on le voit au même résultat que celui que nous avons exposé : seulement faisons remarquer en théorie qu'on ne peut créer des priviléges par analogie, et en pratique que si l'on accorde au tiers détenteur un privilége, on pourra se trouver assez embarrassé sur les conditions auxquelles il pourra l'exercer : faudra-t-il qu'il ait fait dressé procès-verbal de ses travaux, comme l'architecte ? mais un propriétaire qui travaille sur son fond et qui croit travailler pour lui n'y songera jamais. Faudra-t-il tout au moins qu'il s'inscrive ? même embarras. Le système que nous avons présenté nous paraît éviter ces inconvénients et de plus cadrer d'une manière satisfaisante avec le texte de l'art. 2175. Toutefois quelques arrêts ont admis celui de M. Troplong mais en se divisant sur les conditions auxquelles le tiers détenteur pourra exercer le privilége qui lui est accordé. (Comp. notam. Civil. rej 15 novembre 1807. et civ. rejet. 28 novembre 1838).

Faisons remarquer en terminant que la jurisprudence dans son dernier état paraît s'être rangée à la doctrine que nous avons soutenue, ainsi qu'il est facile de s'en convaincre en comparant les dates des derniers arrêts que nous avons cités.

III* Section. — Des différents partis à prendre par le tiers détenteur vis-à-vis d'une poursuite hypothécaire régulièrement intentée.

312. Le tiers détenteur qui ne peut opposer à la poursuite hypothécaire aucune des exceptions ou fins de non-recevoir que nous avons énumérées dans le paragraphe qui précède, peut encore se soustraire à l'expropriation de plusieurs manières.

Le premier parti à prendre et le plus simple pour le tiers détenteur est de purger dans les trente jours de la sommation qui lui est faite.

313. Nous nous bornerons sur ce point à cette indication sommaire, en renvoyant pour les formalités et les effets de la purge qui ne rentrent point dans notre cadre, aux chapitres VIII et IX du titre des priviléges et hypothèques, et aux dispositions spéciales du code de procédure.

314. Si dans les trente jours qui suivent la sommation le tiers détenteur n'a point purgé, il est définitivement déchu de la faculté de le faire vis-à-vis du créancier poursuivant, ou de ceux qui se seraient fait subroger à

ses poursuites. En est-il également déchu vis-à-vis des créanciers qui y sont restés étrangers? si nous n'avions que l'art 2169 nous dirions : *res inter alios acta aliis neque nocet neque prodest* les poursuites faites par un des créanciers ne peuvent profiter qu'à ce créancier ou à ceux qui sont subrogés à ses droits. Mais l'art 2183 vient détruire toutes ces inductions en nous disant que le tiers détenteur doit purger dans le mois de la première sommation qui lui est faite, expression qui indique bien que lors même que des créanciers auraient fait des sommations à des dates diverses, c'est la première qui commence à faire courir le délai de déchéance et cela évidemment à l'égard de tous, puisque si les poursuites d'un créancier ne profitaient point aux autres, il y aurait pour chacun un point de départ différent : la date de la sommation qu'il aurait faite.

315. Une fois déchu de la faculté de purger, le tiers détenteur n'a plus que deux partis à prendre pour empêcher que l'expropriation ne soit poursuivie contre lui : payer ou délaisser.

316. Si le tiers détenteur se décide à payer, il faut qu'il désintéresse le poursuivant, en lui payant le montant de sa créance en capital, intérêt et frais. En revanche il jouit des termes et délais accordés au débiteur originaire (2167 et 2268.) Il arrivera fort rarement que le tiers détenteur prenne ce parti, il ne le fera guère que dans le cas où le montant des créances inscrites ne sera pas supérieur, soit à la valeur de l'immeuble, soit au prix d'acquisition ; que si le montant des dettes inscrites dépasse

l'une et l'autre de ces valeurs, le parti le plus sage pour le tiers détenteur sera de délaisser.

217. L'étude détaillée du délaissement, comme celle de la purge sortirait du cadre de notre étude. Cependant nous indiquerons au moins d'une manière sommaire la nature et l'effet du délaissement.

Pour délaisser, le tiers détenteur doit satisfaire à deux conditions :

1° Il faut qu'il ne soit pas personnellement obligé à la dette; sur la question de savoir dans quels cas le tiers détenteur est personnellement obligé à la dette, nous renvoyons à ce que nous avons déjà dit relativement à l'exception de discussion.

2° Il faut qu'il ait capacité d'aliéner (art. 2172.) Notons cependant que malgré cette seconde condition le délaissement n'est pas une aliénation, mais une simple abdication de la possession, de sorte que jusqu'à l'adjudication le tiers détenteur est maître de reprendre l'immeuble à la charge cependant d'acquitter intégralement toutes les charges hypothécaires ainsi que les frais de la poursuite (art. 2173).

L'effet du délaissement est de soustraire le tiers détenteur aux poursuites en expropriation et de faire diriger la procédure contre un curateur qui est donné à l'immeuble exproprié.

218 Enfin faute par le tiers détenteur de purger, de payer ou de délaisser, l'expropriation est poursuivie contre lui dans les formes ordinaires et il est définitivement dessaisi par le jugement d'adjudication.

319. Dans le deux cas où le tiers détenteur est dépossédé, c'est-à-dire quand il délaisse ou quand il est exproprié il se présente une difficulté à régler entre lui et les créanciers qui le poursuivent, cette difficulté est relative à l'appréciation des indemnités qu'ils peuvent se devoir réciproquement pour les améliorations ou les dégradations qui ont pu être faites à l'immeuble hypothéqué par le tiers détenteur.

Occupons-nous successivement des améliorations et des dégradations :

320. *Améliorations.* — Nous nous en sommes déjà occupés au point de vue des moyens que le tiers détenteur peut employer pour s'en faire indemniser. Nous avons vu qu'il ne peut invoquer en raison de ses impenses une exception qui lui permette de repousser une poursuite hypothécaire dirigée contre lui : nous avons vu aussi qu'il ne peut exercer un véritable privilége, mais nous avons pensé qu'il pouvait demander la distraction à son profit d'une somme représentative de la plus-value donnée par les impenses à la chose hypothéquée. Nous avons maintenant à déterminer dans quelles limites ce droit peut être exercé : en d'autres termes quel sera le *quantum* de l'indemnité que pourra réclamer le tiers détenteur?

321. Nous avons déjà (suprà n° 311.) distingué avec Pothier quatre catégories de dépenses : Dépenses d'entretien, dépenses voluptuaires, dépenses utiles et dépenses nécessaires.

322. Commençons par écarter deux de ces catégories,

les dépenses d'entretien et les dépenses voluptuaires. Les premières en effet sont une charge des fruits ; les secondes ne peuvent être raisonnablement opposées aux créanciers hypothécaires ; enfin ni les unes ni les autres ne sont des améliorations. Aussi reproduirons-nous purement et simplement la doctrine de Pothier qui n'accorde de ce chef aucune indemnité au tiers détenteur et lui permet seulement d'enlever les ouvrages qui auraient le caractère de dépenses voluptuaires, pourvu toutefois que cet enlèvement puisse s'effectuer sans dégradations. Nous devons d'autant moins hésiter à reproduire cette décision, que ces deux catégories de dépenses ne créent aucune plus-value véritable et qu'aux termes de l'art. 2175, les impenses du tiers détenteur ne lui sont remboursées que jusqu'à concurrence de la plus-value qu'elles ont créées.

323. Quant aux dépenses nécessaires et aux dépenses utiles, nous avons vu que Loyseau les faisait rembourser au tiers détenteur, savoir : les dépenses simplement utiles par privilége sur la plus-value ; les dépenses nécessaires par privilége sur le prix entier de l'immeuble. L'art. 2175 ne les fait jamais rembourser que jusqu'à concurrence de la plus-value. Il semble donc au premier abord qu'il y ait contradiction entre le droit ancien et le droit nouveau. Cette contradiction toutefois n'est qu'apparente et avec deux formules dissemblables on arrive au même résultat. Supposons une dépense simplement utile qui a créé une plus-value : c'est sur cette plus-value que le tiers détenteur sera remboursé, soit avec la formule de Loyseau, soit avec celle de l'art. 2175. Supposons maintenant une dépense nécessaire sans laquelle

14

l'immeuble aurait péri. Loyseau donne au détenteur un privilége sur le prix tout entier de l'immeuble. L'art. 2175 ne lui attribue que la plus-value ; mais il faut remarquer qu'ici la plus-value est précisément égale à la valeur totale de l'immeuble, puisque sans la dépense qui a été faite l'immeuble aurait péri et que sa valeur se chiffrerait par zéro.

324. *Détériorations.* Remarquons d'abord sur ce point une divergence entre notre ancien droit et notre droit actuel. Dans l'ancienne jurisprudence le détenteur n'est rendu responsable que des détériorations qui ont suivi la demande.

Laissons parler Pothier qui explique avec sa lucidité ordinaire les motifs de cette distinction : (Hyp. chap. II. Art. 3. section 1re),

« Le tiers détenteur ne peut être condamné qu'au délai
« de l'héritage, en l'état qu'il se trouve, il n'est point
« tenu des dégradations qu'il y a faites avant la de-
« mande, car il a pu négliger un héritage qu'il appar-
« tenait, et le dégrader. » . . . .
. . . . . « Mais il est tenu du rapport . . . . . . des
« dégradations qu'il a faites, depuis la demande, car il
« devait délaisser aussitôt que la demande a été donnée
« contre lui, et le créancier ne doit pas souffrir de la
« demeure en laquelle le détenteur a été de délaisser, »

325. Dans notre droit actuel on n'a pas reproduit la même distinction; l'art. 2175 fait rendre compte au tiers détenteur de toutes les dégradations provenant de son fait ou de sa négligence à partir de l'époque où il est devenu propriétaire. Quelques auteurs veulent expliquer

cette différence par l'application de la maxime : *qui rem suam neglexit, nulli querelæ obnoxius est.* Dans l'ancien droit disent-ils l'hypothèque était occulte et le détenteur ignorait jusqu'à la demande formée contre lui qu'il y eût des tiers ayant un droit réel sur son immeuble. Aussi jusqu'à la demande on pouvait dire de lui : *rem suam neglexit :* mais à partir de la demande quand l'existence de l'hypothèque lui était révélée, on était bien obligé de dire : *rem alienam neglexit,* et de le rendre responsable des détériorations. Dans notre droit où l'hypothèque est publique il en est plus de même; dès le jour où il est devenu propriétaire, le détenteur a su qu'il acquérait une propriété grevée d'hypothèque, par conséquent dès ce jour-là on doit dire de lui dans le sens indiqué plus haut: *rem alienam neglexit.* (MM. Paul Pont. Hyp. N° 1199. Troplong. Hyp. N° 832.) Cette explication ne me paraît pas absolument satisfaisante. En effet dans l'ancien droit, ce n'était jamais qu'à partir de la poursuite hypothécaire que les dégradations étaient dues par le tiers détenteur, alors même qu'il aurait eu *aliunde* connaissance de l'hypothèque, alors même qu'il aurait été déjà assigné en interruption, et que l'héritage aurait été déclaré hypothéqué. (Pothier. Hyp. Chap. 2. Art. 3.) Or, une fois que l'héritage avait été contradictoirement avec lui, déclaré hypothéqué, le tiers détenteur connaissait aussi légalement, aussi officiellement qu'il la connaît aujourd'hui par l'inscription, l'existence de l'hypothèque; ce n'est donc pas dans le fait que l'hypothèque était alors occulte qu'il faut chercher le motif de la différence entre les deux législations : il y a eu dans le code

Napoléon une appréciation différente sur la position du
tiers détenteur. On avait pensé dans l'ancien droit que :
« tant qu'on ne donnait pas contre lui l'action hypo-
« thécaire aux fins de délaisser l'héritage il
« pouvait penser que le créancier trouvait son débiteur
« personnel suffisant. » (Pothier loc. cit.) Notre code a
pensé que cette espérance du tiers détenteur n'était pas
suffisante pour lui permettre de détériorer ou de laisser
détériorer l'héritage qu'il détient. De ces deux décisions
quelle est la plus logique? Il serait téméraire de se prononcer d'une manière radicale pour l'une ou pour l'autre :
Toutefois il nous semble que celle de l'ancien droit était
peut-être plus conforme aux principes : Aussi M. Dalloz
(Répert. V° Priv. et Hyp. p. 354 n° 9) a-t-il pensé que la
distinction de l'ancien droit devait être encore aujour-
d'hui observée, et que le tiers détenteur ne devenait responsable des dégradations qu'à partir de la sommation
de payer ou de délaisser, époque à laquelle il devient
aussi comptable des fruits. (Arg. art. 2176). Mais la distinction que fait M. Dalloz n'est pas admissible en
présence de l'art. 2175 qui n'en fait aucune, et son opinion
est restée une opinion complétement isolée.

326. L'obligation pour le tiers détenteur d'indemniser
les créanciers des dégradations par lui faites, est une
obligation personnelle naissant *quasi ex delicto*. Le
détenteur, en effet, ne doit compte aux termes de l'art.
2175 que des détériorations qui procèdent de son fait ou
de sa négligence : il ne répond ni des dégradations arri-
vées sans sa faute par cas fortuit ou force majeure, ni de
celles qui ont été causées par un usage régulier de la chose.

327. Comme l'indemnité à payer par le tiers détenteur, n'est autre chose que la représentation de la moins-
value de l'immeuble, elle se répartit entre les créanciers
hypothécaires ou privilégiés seuls suivant leur rang
d'hypothèque : à l'exclusion des simples chirographaires.

328. Quant au point de savoir ce que l'on doit entendre par dégradation, c'est une question de fait plutôt
que de droit, et qui le plus souvent devra être appré-
ciée suivant les circonstances. (V. M. Troplong. hyp.
T. 3 n°⁸ 404 et 834.)

329. *Des fruits.* — La question des améliorations et
dégradations n'est pas la seule que le tiers détenteur ait
à vider avec les créanciers hypothécaires, il y a encore
la question des fruits et revenus de l'immeuble hypothéqué.

330. Le tiers détenteur n'est pas seulement un possesseur de bonne foi, il est un propriétaire, et en conséquence il fait les fruits siens *jure dominii* : Mais lorsque
les créanciers exercent contre lui la poursuite hypothécaire, il devient immédiatement comptable des fruits, car,
ainsi que le dit Pothier dans un passage que nous
avons déjà cité (supra n° 311.) « il devait délaisser
« aussitôt que la demande a été donnée contre lui, et le
« créancier ne doit pas souffrir de la demeure en
« laquelle le détenteur a été de délaisser. »

331. L'acte qui, dans notre droit, met le débiteur en
demeure au point de vue des fruits, est la sommation de
payer ou de délaisser c'est-à-dire le premier acte de la
poursuite hypothécaire qui soit dirigé contre lui (2176)

il existe donc une différence entre le cas ou la saisie immobilière est dirigée contre un tiers détenteur et celui où elle est dirigé contre le débiteur personnel. Dans ce dernier cas, en effet, les fruits ne sont immobilisés qu'à partir de la transcription de la saisie. (pr. 684.). Il n'y a pas d'ailleurs, identité d'intérêt dans les deux cas ; Dans le premier il s'agit de savoir si le tiers détenteur aura à payer une valeur plus ou moins forte : dans le second, il s'agit principalement de faire distribuer une valeur hypothécairement au lieu de l'attribuer chirographairement et par contribution aux créanciers. Si après la sommation de payer ou de délaisser, les poursuites sont abandonnées pendant trois ans, le tiers détenteur ne doit les fruits qu'à partir de la nouvelle sommation qui lui est faite. (art. 2176. comp. supra n° 264).

332. *Des servitudes et autres droits réels*. Quand le tiers détenteur délaisse ou qu'il est exproprié, les servitudes et droits réels qu'il avait sur l'immeuble avant d'en être propriétaire et qui s'étaient éteints par confusion et consolidation, revivent à son profit (art. 2177) M. Pont (Hyp. n° 1214) fait ressortir l'antinomie qui existe entre cette disposition, et celle qui la suit immédiatement dans le même article et qui permet aux créanciers hypothécaires du tiers détenteur d'exercer leur hypothèque à leur rang sur le bien délaissé ou adjugé, après tous ceux qui sont inscrits sur les précédents propriétaires. La première de ces dispositions suppose en effet que la propriété du détenteur est résolue *ex tunc* et rétroactivement, qu'il est réputé n'avoir jamais été propriétaire : au

contraire la seconde, de même que celle de l'art. 2173 suppose que le détenteur est dessaisi seulement *ex nunc* par le délaissement ou l'adjudication et que c'est son droit qui est précisément par l'adjudication transmis à l'adjudicataire : Il y a donc entre les deux classes de disposition antinomie évidente.

La loi, par un sentiment d'équité, a restitué au détenteur les droits réels qu'il avait eu sur l'immeuble, comme si son droit était résolu *ex tunc* ; tandis que l'ensemble de ses dispositions montre bien évidemment que le tiers détenteur n'est dessaisi que par l'adjudication et cela sans effet rétroactif (voy. cependant Pothier ch. 3 § 2.) Nous disons *par un sentiment d'équité* : en effet, comme le fait observer M. Paul Pont (loc. cit), le tiers détenteur étant dépossédé malgré lui ne peut stipuler le rétablissement de ces droits réels, et d'ailleurs aucun préjudice n'est causé aux créanciers poursuivants puisqu'ils retrouvent l'immeuble avec les charges mêmes dont il était affecté au moment ou leurs propres droits réels s'y sont imprimés.

333. Enfin nous trouvons encore dans notre chapitre VI une disposition qui accorde au tiers détenteur son recours tel que de droit, contre le débiteur principal : nous n'avons pas à nous en occuper puisque elle n'est point relative au droit de suite c'est-à-dire au conflit entre le tiers détenteur et le créancier hypothécaire : nous en dirons autant du recours à exercer par le tiers détenteur qui a payé contre les autres détenteurs d'immeubles affectés à la même dette, en vertu de sa subro-

gation légale ou conventionnelle aux droits des créanciers qu'il a payés : c'est encore là une question étrangère à notre sujet et dont nous n'avons pas à nous
occuper non plus.

CHAPITRE V

DE L'EXTINCTION DU DROIT DE SUITE

334. Le droit de suite ne pouvant être exercé que par un *créancier hypothécaire*, il en résulte que toute cause qui amène l'extinction de la *créance* ou de *l'hypothèque*, amène forcément l'extinction du droit de suite.

335. Quant aux modes d'extinction de l'obligation nous n'avons pas à nous en occuper, et nous nous bornerons à renvoyer à l'art. 1234 du code Napoléon.

336. Nous n'étudierons pas non plus *in extenso* les modes d'extinction du droit hypothécaire : c'est un point qui rentrerait dans une étude générale de l'hypothèque, et qui sortirait du cadre spécial que nous nous sommes tracé. Nous nous bornerons donc ici encore à renvoyer à l'art. 2180 du code Napoléon.

337. Nous étudierons seulement les modes d'extinction spéciaux au droit de suite, et les circonstances dans lesquelles il s'éteint seul, en laissant subsister le droit de préférence.

338. Le droit de suite s'éteint en laissant subsister le droit de préférence:

1° Par la renonciation du créancier;

2° Par l'effet de la purge;

3° Par l'effet de l'expropriation pour cause d'utilité publique;

4° Par l'adjudication sur saisie immobilière;

5° Par l'adjudication sur surenchère;

6° Par l'omission de l'inscription du créancier dans un certificat délivré par le conservateur;

7° Pour le co-partageant par la transcription d'un acte d'aliénation portant sur l'immeuble grevé, effectué depuis le 45° jusqu'au 60° jour du partage.

339. *1° La renonciation du créancier.* Cette renonciation peut-être expresse ou tacite :

Expresse. Le créancier peut intervenir dans l'acte de vente de l'immeuble hypothéqué pour déclarer qu'il se tient pour satisfait du prix à payer par l'acheteur et qu'il le dispense de toute notification à son égard. Dans ce cas le droit du créancier se transforme en un droit sur le prix, il ne peut plus exercer la poursuite hypothécaire proprement dite, mais il conserve le droit d'être payé à son rang d'hypothèque sur le prix de la vente.

Tacite. La renonciation du créancier à son droit de suite peut résulter de sa participation à l'acte qui a fait sortir du patrimoine du débiteur l'immeuble affecté à son hypothèque. Toutes les fois que cet acte sera un acte à titre onéreux, on devra présumer que le créancier en y participant renonce à son droit de suite contre l'acquéreur, mais qu'il ne renonce point à son droit de préférence vis-à-vis des autres créanciers qui ne figurent point dans l'acte auquel il a participé: *renuntiatio est strictissima interpretationis*. C'est ce que nous déciderons dans un cas qui se présente très-fréquemment en pratique, celui de la vente consentie par le mari et la femme conjointement d'un immeuble appartenant en propre au mari et qui est seulement grevé de l'hypothèque légale de la femme. Dans ce cas nous pensons que la femme a renoncé à son hypothèque en faveur seulement de l'acquéreur avec qui elle a traité et non en faveur des autres créanciers de son mari avec lesquels elle n'a fait aucune convention, en d'autres termes qu'elle a perdu son droit de suite, mais qu'elle a conservé son droit de préférence (Civ. rejet 6 novembre 1855). Quant au point de savoir si cette renonciation tacite est valable par elle-même ou si elle a besoin d'être revêtue des formes prescrites par l'art. 9 de la loi du 23 mars 1855, voir en sens contraire MM. Paul Pont n° 486, MM. Rivière et Huguet n° 391. Ces derniers auteurs font une distinction qui me semble parfaitement juridique : si la renonciation de la femme résultant de son concours à l'acte n'est point revêtue des formalités en question, elle n'en sera pas moins valable vis-à-vis de la femme elle-même qui ne sera plus recevable à exercer son hypothèque contre l'acquéreur, mais elle ne sera pas opposable aux tiers, par exemple à ceux que la femme aurait subrogés à son hypothèque légale, et qui auraient publié cette subrogation dans les formes voulues par la loi de 1855.

339. S'il s'agit d'un créancier autre que la femme, la renonciation qu'il fait à son droit de suite n'a besoin d'être revêtue d'aucune formalité. L'acte qui la contient

fût-il sous-seing privé, sera toujours opposable au créancier et pourra même être opposé aux tiers, à la seule condition d'une date certaine.

340. *2° Purge.* Le droit de suite s'éteint encore par
l'effet de la purge (art. 2180, 3°.)

Pour exposer ce mode d'extinction avec plus de clarté,
nous traiterons séparément de l'effet de la purge sur les
hypothèques inscrites, et sur les hypothèques légales dispensées d'inscription et non inscrites.

341. *1. Effet de la purge sur les hypothèques inscrites.*
L'acquéreur d'un immeuble qui veut le purger des hypothèques qui le grèvent, offre aux créanciers inscrits soit
son prix d'acquisition, soit l'évaluation de la chose si
cette chose lui a été donnée. Un délai de quarante jours est
donné aux créanciers à partir de ces offres, pour qu'ils
aient le temps d'examiner s'ils doivent ou non se contenter des sommes offertes; s'ils les jugent insuffisantes, ils
font une surenchère. Si au contraire ils gardent le silence
pendant les quarante jours qui leur sont donnés pour
surenchérir, il se produit un résultat qui mérite d'être
analysé.

342. D'une part, les créanciers ne peuvent plus exiger
du tiers détenteur que la somme par lui offerte, dont il
devient débiteur personnel, et même si celui-ci la consi-
gne valablement (777 Pr.), ils n'ont plus absolument rien
à lui demander, et l'immeuble hypothéqué reste franc et
quitte entre ses mains. En d'autres termes, une fois la
consignation opérée, le droit de suite est irrévocablement
perdu.

343. D'autre part, le droit de préférence subsiste, et quand
l'ordre s'ouvrira, chaque créancier sera colloqué sur

les sommes consignées à son rang hypothécaire ou privi.
légié.

344. L'art 2180, 3° qui établit le mode d'extinction
que nous venons de citer, est rédigé d'une manière un
peu inexacte, il nous dit que les *hypothèques et priviléges*
s'éteignent « par l'accomplissement des formalités et
« conditions prescrites aux tiers détenteurs pour purger
les biens par eux acquis. » Or ce n'est pas l'accomplissement des formalités qui éteint l'hypothèque, ce n'est que
le paiement ou la consignation du prix faite par le tiers
détenteur. De plus, comme nous venons de le voir, en
cas de consignation ce n'est pas l'hypothèque qui est
éteinte, c'est seulement le droit de suite, dont l'extinction
laisse subsister le droit de préférence.

345. 2. *Effet de la purge sur les hypothèques légales*
non inscrites. La purge des hypothèques inscrites a pour
but de libérer un immeuble des hypothèques qui le grèvent, en déterminant d'une manière définitive le montant
des sommes que l'acquéreur doit payer aux créanciers
hypothécaires. La purge des hypothèques légales a pour
but de forcer le créancier à hypothèque occulte de s'inscrire dans un délai déterminé.

Le tiers détenteur au moyen des formalités prescrites
par l'art. 2194, porte son acte d'acquisition à la connaissance des personnes du chef desquelles on suppose
qu'il peut exister des hypothèques occultes, en les som-
mant de s'inscrire dans un délai déterminé.

Si l'inscription est prise dans ce délai, le créancier à
qui appartient l'hypothèque se trouve dans la position
d'un créancier ordinaire inscrit, nous n'avons qu'à renvoyer à ce que nous avons dit sous le n° 1er.

Si l'inscription n'est point prise dans ce délai, les immeubles dont la purge a été poursuivie sont définitivement affranchis dans l'intérêt de l'acquéreur des hypothèques légales qui les grevaient (art. 2195 1°) Le droit
de suite contre l'acquéreur est perdu, mais le droit de
préférence subsiste sur le prix, et la femme, le mineur ou
l'interdit peut produire à l'ordre et se faire colloquer à
son rang d'hypothèque tout comme s'il avait pris une
inscription , pourvu toutefois que l'ordre soit ouvert
dans les trois mois de l'expiration du délai (C. P. 772 al.
5 nouveau, Loi du 21 mai 1858).

346. 3. *Expropriation pour cause d'utilité publique.*
Le créancier inscrit sur un immeuble qui est exproprié
pour cause d'utilité publique, ou cédé à l'amiable pour
la même cause perd immédiatement son droit de suite à
l'égard de l'Etat, du département, de la commune ou de
la compagnie au nom de laquelle l'expropriation est
faite; (Loi du 3 mai 1841 — art. 17. in fine — art. 19. al
1 et 3.) Ainsi il est déchu du droit de surenchère et ne
peut exiger qu'une chose, c'est que l'indemnité soit fixée
conformément aux dispositions du Titre IV de la loi.
(art. 17.) Mais le droit de préférence subsiste au profit
des créanciers qui peuvent se faire colloquer sur le prix
d'expropriation, conformément à leur rang de privilége
ou d'hypothèque.

347. 4. *Adjudication sur saisie immobilière.* Elle produit également l'extinction du droit de suite, en laissant
subsister le droit de préférence. (717 in fine) Toutefois il
serait peut-être plus exact de dire que cet effet est produit
non par l'adjudication elle-même, mais par la transcription de l'adjudication : Cela résulte en effet et du principe

nouveau de la loi du 23 mars 1855 et du texte même de l'art. 717 qui nous dit : « Le jugement d'adjudication « *dûment transcrit,* purge toutes les hypothèques, et les « créanciers n'ont plus d'action que sur le prix. »

Remarquons cependant qu'après l'adjudication sur saisie immobilière il peut encore intervenir une surenchère du sixième ou une folle enchère, de telle sorte qu'en réalité, il faut pour éteindre l'hypothèque en entier, le paiement du prix d'adjudication aux créanciers ; et pour éteindre le droit de suite, la consignation de ce prix.

348. *5. Adjudication sur surenchère.* Nous n'avons ici qu'à répéter ce que nous venons de dire sous le numéro précédent.

349. *6. Omission de l'inscription du créancier dans le certificat délivré par le conservateur.* L'acquéreur d'un immeuble en transcrivant son acte d'acquisition requiert du conservateur un état des inscriptions qui grèvent cet immeuble, et le conservateur omet dans son certificat une des inscriptions. Dans ce cas, le créancier omis perd son droit de suite contre l'acquéreur, d'une manière complète (art. 2108) sauf son recours contre le conservateur. Mais il conserve son droit de préférence sur le prix, et peut le faire valoir tant que ce prix n'a pas été payé par l'acquéreur ou que l'ordre fait entre les créanciers n'a pas été homologué. (Même art. Comp. Loi du 11 Brumaire an VII. Art. 53.)

350. *7. Hypothèse spéciale au co-partageant. — Transcription effectuée dans l'intervalle du 45ᵉ au 60ᵉ jour depuis le partage.* Nous avons vu plus haut que le co-partageant pourvu qu'il inscrive son hypothèque

dans les quarante-cinq jours de l'acte de partage peut l'opposer soit à d'autres créanciers de son débiteur, qui se seraient inscrits, soit à des tiers acquéreurs qui auraient transcrit dans ce délai. Nous savons aussi que du 45ᵉ au 60ᵉ jours, il conserve encore le droit de s'inscrire utilement à l'encontre des autres créanciers, mais qu'il ne jouit plus de ce droit vis-à-vis du tiers acquéreur qui aurait transcrit avant son inscription. Ainsi qu'un tiers acquéreur transcrive du 45ᵉ au 60ᵉ jour, le co-partageant s'il n'est pas déjà inscrit perdra son droit de suite contre lui : mais pourvu que ce même co-partageant s'inscrive avant le 60ᵉ jour il conservera son droit de préférence sur le prix de l'immeuble à l'encontre des autres créanciers, alors même que ceux-ci seraient inscrits avant lui. C'est ce qui résulte des articles 2109 code Napoléon et 6 de la loi du 28 mars 1855 combinés. Ce dernier mode ainsi que nous l'indiquons en tête de ce numéro est tout spécial au privilége du co-partageant. Il est du reste assez anormal et ne peut être que le résultat d'un oubli du législateur de 1855, qui voulait probablement assimiler le privilége du vendeur et celui du co-partageant, mais qui aura oublié d'abroger l'art. 2109 du code Napoléon, lequel, par conséquent doit toujours être appliqué puisque son application n'est pas incompatible avec la loi nouvelle.

FIN.

POSITIONS

Droit romain.

I. Dans les actions arbitraires l'*arbitratus judicis* ne peut, dans le droit classique, être ramené à exécution *manu militari*.

II. Le simple pacte fait naître une obligation naturelle.

III. L'hypothèque proprement dite a été connue à Rome assez longtemps avant Cicéron.

IV. L'interdit Salvien n'a pas été étendu à tous les créanciers hypothécaires.

V. Le *jus pœnitendi* n'est admis que d'une manière exceptionnelle dans les contrats innommés.

VI. L'interdit Salvien ne fait pas double emploi avec l'action Servienne: chacune de ces voies de droit a son utilité propre.

VII. L'action *præscriptis verbis* est, dans toutes les hypothèses où elle s'applique, une action de bonne foi.

15

Droit français.

I. L'aliénation consentie par un failli en temps de capacité peut, quoique non transcrite, être opposée à la masse des créanciers, tant qu'il n'a pas été pris d'inscription par les syndics dans l'intérêt de cette masse.

II. L'antichrésiste est investi d'un droit réel véritable qu'il peut opposer même à des créanciers hypothécaires inscrits sur l'immeuble antichrésé.

III. Le bénéfice accordé à la caution par l'article 2037 C. N. ne doit pas être étendu au tiers détenteur.

IV. L'individu interdit pour cause d'imbécillité, de démence ou de fureur est incapable de contracter mariage.

V. Si tous les créanciers inscrits sur un immeuble s'entendent pour accepter le prix moyennant lequel il a été vendu, l'acquéreur ne peut être admis à délaisser.

VI. La séparation des patrimoines n'emporte pas le droit de suite au profit des créanciers qui l'ont requise.

VII. Le tiers détenteur ne peut renvoyer le créancier hypothécaire à discuter d'autres immeubles que ceux qui sont entre les mains du débiteur personnel principal.

VIII. L'héritier n'est tenu des legs que *intrà vires hæreditatis*.

IX. La maxime *quæ temporalia sunt ad agendum per-*

petua sunt ad excipiendum, n'est plus applicable sous le Code Napoléon.

X. Lorsque un immeuble est vendu, et qu'une inscription hypothécaire du chef du vendeur est prise le jour même où l'acte de vente est transcrit, l'inscription ne frappe pas, sans qu'il y ait à distinguer si c'est l'acte à transcrire ou le bordereau à inscrire qui a été présenté le premier au bureau du conservateur.

Droit administratif.

I. Le lit des rivières non navigables ni flottables est une *res nullius.*

II. Les ministres d'un culte même reconnu ne peuvent invoquer la protection de l'art. 75 de la constitution de l'an VIII.

III. Les chemins simplement ruraux sont prescriptibles.

Droit commercial.

I. En matière de lettre de change, la provision, s'il y en a, appartient au porteur, à l'exclusion du tireur ou de ses créanciers.

II. Le billet à domicile n'est pas en principe un effet de commerce, et n'engendre que des obligations civiles.

Droit criminel.

I. Les Cours d'assises procédant sans assistance de

jurés et sans débats contradictoires en cas de contumace, peuvent déclarer les circonstances atténuantes.

II. Les Cours et Tribunaux peuvent prononcer des peines plus fortes que celles requises par le ministère public.

Droit des gens.

I. Il n'y a pas violation de neutralité dans le fait du transport par un neutre du négociateur d'un des belligérants.

II. Lorsqu'il existe entre deux pays un traité aux termes duquel les décisions judiciaires rendues dans l'un doivent être déclarées exécutoires dans l'autre, sans examen de la chose jugée, les dispositions de ces traités ne s'étendent point aux provinces ultérieurement annexées.

Vu par le Président de la thèse,
LABBÉ.

Vu par nous, Inspecteur général délégué,
CH. GIRAUD.

Vu et permis d'imprimer :
Le Vice-Recteur de l'Académie de Paris,
A. MOURIER.

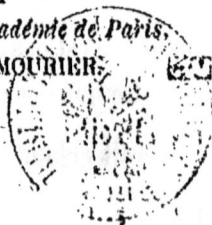

TABLE DES MATIÈRES

IMPRIMERIE NOUVELLE. — ALP. BRELET FILS,

RUE NEUVE, A AURILLAC.

AURILLAC. — IMPRIMERIE ALP. BRELET FILS, RUE NEUVE

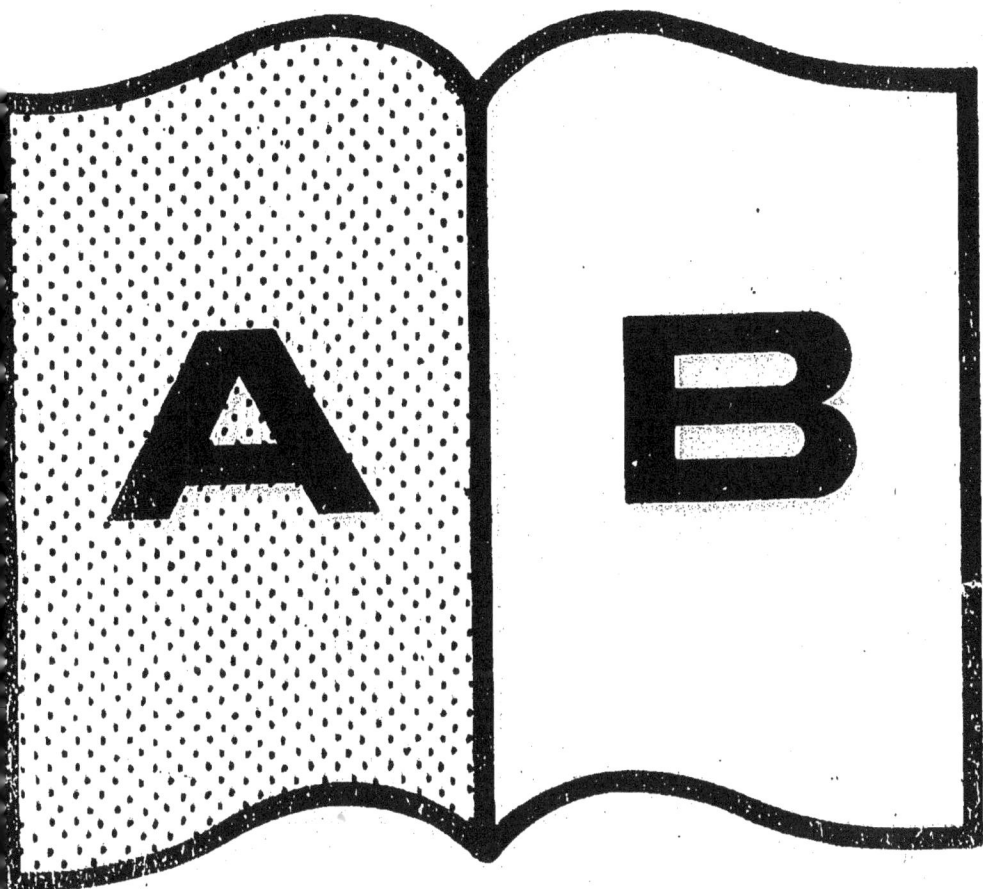

Contraste insuffisant

NF Z 43-120-14

www.ingramcontent.com/pod-product-compliance
Lightning Source LLC
Chambersburg PA
CBHW071646200326
41519CB00012BA/2417